Mary-Kate and Ashley
Sweet 16

UN ÉTÉ PARFAIT

Mary-Kate and Ashley
Sweet 16

Un été parfait

Kieran Scott

Traduit de l'américain
par Anne-Laure Malaval

Adapté par Marie-Suzel Inzé

POCKET
jeunesse

Titre original :
The Perfect Summer

Publié pour la première fois en 2002
par Harper Entertainment, États-Unis.

Loi n° 49 956 du 16 juillet 1949 sur les publications
destinées à la jeunesse : janvier 2005.

ISBN 2-266-14624-6

1

Mary-Kate

— Ashley, tu n'as pas vu mon débardeur ?

J'avais vidé la totalité de mon tiroir sur le sol. Impossible de mettre la main dessus !

— Non ! cria Ashley du fond de son placard. Désolée !

Ashley faisait la même chose que moi... Elle mettait sa chambre à sac pour terminer sa valise le plus vite possible.

Ma chambre à moi était souvent un champ de bataille, mais aujourd'hui, on aurait cru qu'une tornade avait traversé la pièce. Les vêtements étaient en vrac par terre, la valise débordait au beau milieu de mon lit. Ma trousse à maquillage n'arrivait pas à fermer et mon sac à dos, bourré de magazines, de produits pour les cheveux et de photos, allait exploser.

J'inspectai encore une fois les monceaux de vêtements étalés. Rien ! Mon débardeur restait introuvable.

Ashley déboula dans ma chambre.

— Je n'arrive pas à croire que nous partons aujourd'hui !

— Eh oui, c'est le grand jour, répondis-je. Nos premiers pas dans le show-business !

— Le jour de notre entrée dans la vie !

— Oui, et une vie pleine de stars du rock !

Ashley fronça les sourcils.

— Franchement, comment Papa peut-il nous laisser travailler dans un festival de rock ? Je n'en reviens pas !

— Ne m'en parle pas, confiai-je en riant. Il a dû péter les plombs !

— Mary-Kate ! lança Ashley. Tu es irrécupérable !

Et elle me jeta à la figure un bout de tissu qui traînait par terre.

Je bondis. C'était mon débardeur !

— Génial, tu l'as retrouvé ! Maintenant, on va pouvoir partir.

— Parfait, je vais mettre mes bagages dans la voiture ! dit Ashley.

Elle sortit de ma chambre à la vitesse de l'éclair.

Je terminai mes bagages. Papa n'avait pas pété les plombs, mais il avait quand même fait très fort avec ce festival. Il travaillait dans la musique et était en contact permanent avec des gens célèbres, mais il avait toujours mis un point d'honneur à séparer sa vie privée de sa vie professionnelle. Il ne nous présentait donc jamais des gens connus.

Je souris. Le festival était une chance pour nous et il n'avait pas voulu la laisser passer.

Ashley et moi allions donc fréquenter des stars un mois durant... Nous assisterions à leurs répétitions, à leurs concerts et, accessoirement, travaillerions un peu...

Je fermai mes valises et descendis.

Mes parents attendaient dehors, appuyés contre la Mustang décapotable qu'ils nous avaient offerte pour notre anniversaire. J'avais encore du mal à réaliser que cette superbe voiture rose nous appartenait vraiment !

Je posai mes bagages sur le siège arrière.

— Faites-moi penser à vous féliciter. Vous êtes vraiment les parents les plus géniaux que je connaisse...

— C'est vrai qu'aujourd'hui tu ne l'as pas encore dit, répliqua mon père en décochant un sourire goguenard à Maman.

— Mais c'est vrai ! D'abord vous nous offrez la plus belle des soirées d'anniversaire, ensuite c'est la voiture, et là, vous nous laissez partir un mois toutes seules ! Vous mériteriez un prix pour ça !

— Tu vas nous trouver encore un peu plus parfaits maintenant, fit Papa en déposant deux téléphones portables sur les sièges avant de la voiture.

— Ce n'est pas vrai ! m'écriai-je.

L'un des téléphones était gris chromé, l'autre violet métallisé. J'attrapai le chromé. Je savais qu'Ashley craquerait pour l'autre.

— Nous ne pouvions quand même pas vous laisser partir sans un moyen de nous joindre en cas d'urgence ! expliqua Maman.

— C'est trop génial ! Maintenant je vais pouvoir appeler Britanny, Lauren ou Jake quand je veux !

Maman m'embrassa.

— J'ai bien précisé : en cas d'urgence... Tu vas me manquer, Mary-Kate.

— Tu vas me manquer aussi, Maman !

— Mary-Kate ! cria Ashley depuis la maison. Téléphone ! C'est Jake !

Mon cœur se mit à battre plus fort.

Jake Impenna était mon petit ami. Je l'avais rencontré au printemps et, après des tas de malentendus, nous étions devenus inséparables. C'était le garçon le plus merveilleux de la terre !

Je me précipitai vers Ashley.

— Va voir ce que les parents nous ont offert, soufflai-je en attrapant le téléphone. Salut, Jake !

— Salut !

Je frissonnai. Le son de sa voix me faisait toujours un effet incroyable. Jake allait vraiment me manquer.

— Je voulais juste te souhaiter bon voyage, commença-t-il. Et bonne chance pour cet été !

— Merci ! Je t'appelle dès que j'arrive.

— O.K. ! Et, s'il te plaît, ne craque pas pour n'importe quel chanteur de rock !

J'éclatai de rire.

— Je te promets que je ferai attention... sauf si je croise Gavin Michaels ! Là, je ne réponds plus de rien...

Gavin Michaels était le chanteur de mon groupe préféré, Glowstick. Il avait dix-huit ans et j'en étais folle.

Jake eut un petit rire forcé.

— Tu vas me manquer, Mary-Kate...

— Tu me manques déjà, fis-je en retenant mes larmes.

Je raccrochai, toute chamboulée. Jake et moi étions tellement bien ensemble. Si j'étais restée à Malibu, on aurait passé un été formidable, tous les deux. La plage, le cinéma et...

— On y va, Mary-Kate ! insista Ashley. Les stars nous attendent !

Je me mis à rire. Ashley et moi allions vivre notre vie et rencontrer des gens fabuleux. Et puis, je ne partais pas à l'autre bout du monde ! Je pouvais joindre Jake aussi souvent que je le voulais.

Je sortis de la maison. C'était parti pour l'aventure !

Ashley

Je quittai la route des yeux un instant et regardai ma montre.

— On va être en retard !

— S'il te plaît, pourrais-tu arrêter de stresser une minute ? plaisanta Mary-Kate. Nous roulons dans notre propre voiture au bord de l'océan et nous nous apprêtons à vivre un mois de rêve...

— Je sais, tu as raison !

Je savourai un instant le vent dans mes cheveux et le soleil sur ma peau, mais l'inquiétude reprit vite le dessus.

— Des tas de gens sont sur place depuis une semaine, c'est le dernier jour pour arriver, et si nous sommes en retard...

— Nous ne serons pas en retard, coupa Mary-Kate.

Elle repoussa ses lunettes de soleil violettes sur son front.

— À ton avis, qu'est-ce qu'ils vont nous donner, comme travail ?

— Peut-être qu'on va être assistantes personnelles d'une star ? suggérai-je.

— Ou stylistes et choisir leurs costumes

de scène ? De toute façon, on est sûres de fréquenter des vedettes toute la journée !

— Et on va gagner de l'argent ! ajoutai-je.

— Qu'est-ce que tu vas faire avec cet argent ?

— Je vais m'acheter une superchaîne hi-fi, tu sais, le modèle avec le chargeur de CD, le double lecteur K7 et les quatre haut-parleurs. Avec ça, tu peux écouter de la musique pendant quarante heures sans interruption. D'ailleurs, j'ai la pub dans mon sac.

Mary-Kate éclata de rire et ouvrit mon sac.

— Eh bien, je vois que tu as déjà tout prévu !

— Évidemment, répliquai-je. Ça fait des siècles que je veux une nouvelle chaîne...

— C'est bien, d'avoir des projets !

J'observai Mary-Kate du coin de l'œil.

— Toi, tu ne sais pas ce que tu vas faire de ton argent...

Mary-Kate était du genre indécis. L'été précédent, par exemple, un jour elle voulait faire du surf, le lendemain suivre des cours de plongée et le jour d'après elle parlait d'apprendre l'équitation.

— Si, j'ai des idées ! Plein de vêtements pour cet automne ou un lecteur DVD pour ma chambre. Ou alors un cadeau pour Jake...

Mary-Kate s'interrompit et se plongea dans la contemplation du paysage.

Jake lui manquait déjà, c'était évident. Je me demandais ce qu'on pouvait ressentir quand on aimait quelqu'un à ce point-là. Moi, à part mes amis et mes parents, personne n'allait vraiment me manquer cet été.

— Ashley ! s'écria soudain Mary-Kate.

— Quoi ? Qu'est-ce que j'ai fait ?

— Je crois que tu as loupé la sortie ! fit Mary-Kate en attrapant la carte. Oui, c'est ça, nous devions prendre la sortie 18 et nous venons de passer la 20.

Je me mordis les lèvres.

— Je n'y crois pas ! On est parties de la maison il y a une heure et on est déjà perdues ! On devrait peut-être téléphoner à Papa et Maman, non ?

— Pas question ! rétorqua Mary-Kate. Nous sommes censées nous débrouiller seules tout l'été !

— D'accord ! Alors, qu'est-ce que tu proposes ?

Mary-Kate se tut un instant.

— Bon, restons calmes, reprit-elle. Il faut faire demi-tour. Tu n'as qu'à prendre la prochaine sortie. Avec un peu de chance on retrouvera la bonne direction.

— O.K. !

Je me rabattis sur la voie de droite. À ce moment, un coup de Klaxon se fit entendre. Je regardai dans le rétro : je venais de couper la route à un 4 × 4 ! J'étais dans tous mes états...

Nous roulâmes jusqu'à la sortie. Là, les panneaux indiquaient des directions inconnues.

— Et maintenant, on fait quoi ? lâchai-je.

— Prends à droite ! conseilla Mary-Kate. L'entrée de l'autoroute est sûrement par là-bas.

Je fis comme elle proposait. Nous nous retrouvâmes sur une route à deux voies qui ne nous évoquait rien.

Je jetai un coup d'œil à Mary-Kate ; elle commençait à pâlir sérieusement.

— Il doit bien y avoir une station-service

dans les parages, murmura-t-elle. On va demander notre route.

— D'accord...

Hélas la route continuait interminablement. Aussi loin que je pouvais voir, il n'y avait que des rochers et des herbes folles. Pas le moindre signe de vie.

— Freine ! Arrête-toi là !

Mary-Kate désigna une espèce de bâtiment en ruine sur la droite. Je ralentis. Les vitres de la bâtisse étaient cassées et la porte éventrée.

— Ça ne va pas, Mary-Kate ! C'est un véritable coupe-gorge, pas question de traîner par ici !

— Ashley, sois raisonnable, il faut bien s'arrêter quelque part !

— Je continue, on trouvera un autre endroit !

Un quart d'heure plus tard, nous roulions toujours sur la même route rocailleuse. Nous aperçûmes soudain un vieux panneau qui signalait un parc national.

— Bon, allons-y ! dis-je, résignée. On va sûrement dénicher quelqu'un dans ce parc !

Nous arrivâmes sur un parking totalement désert. De l'autre côté, il y avait une clôture en bois sans âge et, derrière, le vide... Nous étions au bout de nulle part !

— Jolie vue... plaisantai-je en garant la voiture.

— C'est un parc national, ça ? soupira Mary-Kate. Papa et Maman feraient mieux de vérifier où passent leurs impôts !

Nous étions complètement perdues. Je fermai les yeux. Notre été de rêve démarrait comme un cauchemar !

2

Ashley

— Regarde, Mary-Kate, ça y est, on est sauvées !

Nous roulions toujours et je venais de voir un vieux bonhomme qui marchait le long de la route avec son matériel de pêche.

Je m'arrêtai à sa hauteur.

— Bonjour, monsieur, fit Mary-Kate. Pourriez-vous nous indiquer comment rejoindre la nationale 52 ?

Le vieil homme nous observa un long moment d'un air absent.

— Euh... monsieur ? reprit Mary-Kate.

— Oui ? Oui, je... peux vous dire ça... commença l'homme. Bien sûr... Vous allez faire demi-tour et prendre tout droit. Juste après un gros baril d'essence rouillé, vous verrez une route sur la droite...

— Une route à droite après le baril, répéta Mary-Kate.

— Bon, vous n'allez pas tourner là... Et vous ne prendrez pas non plus la suivante, continua l'homme. Mais au carrefour un peu plus loin, vous prendrez sur la... voyons... la droite ? Oui, sur la droite !

— Super. Sur la droite, s'impatienta Mary-Kate.

— Et une fois que vous aurez tourné à droite, vous continuerez pendant... un... non... quatre... non... plutôt six ou sept kilomètres...

Je jetai un coup d'œil à ma montre. Tel que c'était parti, nous en avions pour la journée !

Dix interminables minutes plus tard, Mary-Kate avait obtenu du vieux pêcheur un itinéraire à peu près clair. Nous rejoignîmes l'autoroute.

— On y est ! s'écria Mary-Kate une heure plus tard, devant l'entrée du campus de l'université Trager.

Les bâtiments avaient été fraîchement

repeints. Des sentiers sinueux étaient remplis de fleurs magnifiques. Il y avait des jeunes partout. Certains se baladaient, d'autres discutaient en transportant des instruments de musique ou des amplis... J'étais exténuée, j'avais faim et j'étais toujours de très mauvaise humeur.

— Cet endroit a l'air...

— Supersympa ! acheva Mary-Kate. Ouah ! Regarde-moi ces types, Ashley !

Assis dans l'herbe, deux garçons plutôt mignons jouaient de la guitare.

— Tu as déjà oublié Jake ? rétorquai-je.

— Mais non, c'est pour toi que je parle !

Je garai la voiture et nous déchargeâmes les bagages. J'avais hâte de voir où nous allions vivre et quelles tâches on nous avait attribuées.

Le point d'information était situé au milieu d'une vaste pelouse. Apparemment, les hôtesses étaient en train de partir. Je me mordis les lèvres. Pourvu qu'il ne soit pas trop tard ! Mary-Kate fonça tout droit vers une hôtesse et lui tendit la main.

— Bonjour, je m'appelle Mary-Kate et voici Ashley. Désolées d'être en retard ! On s'est un peu perdues...

La fille était asiatique et vraiment très jolie. Elle sourit.

— Ne vous en faites pas ! Je suis souvent en retard aussi !

Je poussai un soupir de soulagement.

— Je m'appelle Akiko, reprit la jeune fille. Bienvenue au festival ! Cet endroit est dément, je suis sûre que vous allez adorer !

Akiko partit voir où était notre chambre. Mary-Kate et moi examinâmes les lieux. Quelques jeunes discutaient en cercle sur la pelouse, d'autres dansaient, accompagnés par un joueur de bongo. Le son d'une guitare électrique jaillissait d'une fenêtre pas très loin. Nous étions vraiment sur la planète Musique !

Akiko revint avec un trousseau de clefs et des cartes magnétiques.

— Voilà, vous êtes dans le bâtiment Murray ! Vous suivez le sentier de la colline et, à peu près à mi-chemin, c'est sur la droite. Une fois là-bas, allez voir votre chef de groupe : c'est Mary-Beth, elle est à la chambre 105. Elle vous précisera quel est votre travail ici.

— Merci beaucoup, Akiko ! dis-je en souriant.

— Amusez-vous bien !

Et nous prîmes le sentier de la colline.

Mary-Kate

Nous entrâmes dans le pavillon Murray.

— Mary-Kate, tu as vu ça !

Dans l'entrée, un énorme écriteau disait : « Bienvenue à tous ! » Sous l'inscription étaient collées des dizaines de photos et d'affiches du festival de l'an passé. J'étais sidérée de voir toutes les stars qui étaient passées là.

Ashley pointa du doigt un punk avec une crête bleue.

— Mais c'est Spike, des Jupiter Jones !

— Oui, c'est lui ! répliquai-je. Et là, c'est Melissa Ryan. Mon idole...

— Ça suffit... Il faut qu'on trouve Mary-Beth, j'espère qu'elle sera aussi cool qu'Akiko !

Ashley m'entraîna dans le couloir. Cela sentait la peinture fraîche et il y avait une belle moquette bleue toute neuve.

— Nous sommes à la 122, annonçai-je.

— Ça doit être là, juste au coin.

Ashley poussa un petit cri. Une fille plus âgée que nous, avec des cheveux rouges et un air renfrogné, était plantée devant l'entrée de notre chambre.

— Euh... bonjour ! dit Ashley.

— C'est pas trop tôt ! constata la fille.

Je jetai un regard furtif à Ashley.

— Je suppose que vous êtes Ashley et Mary-Kate ? reprit l'inconnue.

— Oui, et toi tu es sûrement Mary-Beth ? suggérai-je avec mon plus beau sourire. Voici notre chambre, n'est-ce pas ?

J'avais hâte de poser mes affaires mais Mary-Beth bloquait l'entrée de la chambre.

— Oui, c'est bien votre chambre, reconnut-elle, glaciale. Vous ne seriez pas un peu en retard ?

— Oui, c'est vrai, admis-je. Désolées, on s'est un peu perdues...

— Bon, passons ! Voici vos missions et vos horaires.

Elle nous tendit sèchement une feuille à chacune. Mais je me fichais d'être mal accueillie, du moment que je travaillais au maquillage ou au stylisme...

— Restauration ? s'inquiéta Ashley en lisant sa feuille.

J'étudiai la mienne.

— Maintenance ? C'est quoi ?

Mary-Beth eut un petit sourire narquois.

— Cela signifie que tu vas t'occuper du matériel et que toi, Ashley, tu travailleras au stand des pizzas.

Ashley et moi, nous nous regardâmes, effondrées.

— D'ailleurs, vous feriez bien d'y aller, reprit Mary-Beth. Ça fait deux heures qu'on vous attend !

— Mary-Beth, commençai-je, excuse-moi, on ne pourrait pas échanger nos jobs avec quelqu'un ? En fait on croyait que...

— Si vous étiez arrivées à l'heure, coupa Mary-Beth, vous auriez pu changer ! Maintenant c'est trop tard, il ne reste plus que ça. C'est à prendre ou à laisser !

Et elle tourna les talons.

Je me sentis complètement à plat. Ces boulots étaient archinuls. La barbe !

3

Ashley

— Cette Marie-Beth est vraiment déprimante, fit Mary-Kate.

— Elle est peut-être simplement mal lunée, répondis-je.

En tout cas, j'allais passer mon été à servir des pizzas !

Mary-Kate ouvrit la porte de la chambre.

— Vise un peu...

La pièce était immense. Il y avait deux grands lits, deux armoires et deux grands bureaux. C'était génial !

— On a même une petite cuisine ! s'exclama Mary-Kate.

Elle ouvrit un placard. Il contenait tout le nécessaire pour faire sa propre cuisine.

— On va pouvoir se faire à manger, c'est

top ! poursuivis-je. Il faut foncer faire des courses à l'épicerie.

Mary-Kate s'affala sur un lit.

— On va être superbien ici !

— On devrait peut-être aller travailler, maintenant, tu ne crois pas ?

— C'est une idée ! fit Mary-Kate sans bouger. D'ailleurs, si je passe l'été à décharger du matériel, je vais me faire un corps de déesse !

J'ouvris ma valise et pris un jean et un T-shirt.

— Essayons d'être positives ! On a une chambre super et on va assister à plein de concerts gratuitement !

— Tu as raison, décréta Mary-Kate. À partir de maintenant, nous allons PO-SI-TI-VER !

Elle se leva et fouilla dans son sac à main.

— Je vais appeler Papa et Maman pour leur dire que nous sommes bien arrivées et si j'ai le temps, euh... peut-être que j'appellerai Jake...

J'éclatai de rire et me dirigeai vers la porte.

— O.K., mais dépêche-toi quand même !

Pas question d'arriver en retard au boulot le premier jour !

Je traversai le campus pour rejoindre le stand de pizzas. Je n'en croyais pas mes yeux. Il y avait partout des boutiques installées sous des tentes. On trouvait absolument de tout : des T-shirts, des bijoux, en passant par les poteries et les autocollants ! Des jeunes jouaient de la guitare sur la pelouse. Tout le monde avait l'air superbranché.

« Et voilà, je fais partie de leur bande, pensai-je. Je travaille ici, et je suis comme eux, libre, indépendante et adulte ! »

Les pizzas, notre galère en voiture et même notre superchef de groupe avaient peu d'importance. J'étais là pour m'amuser et je m'amuserais, quoi qu'il advienne !

Je ralentis un peu l'allure en arrivant près des stands de restauration. L'un d'eux proposait des hot dogs, un autre des plats végétariens et plusieurs des hamburgers, des glaces et des sodas ! Je finis par trouver le stand des pizzas. Il faisait vraiment très chaud, mon front était trempé et mes cheveux tout collés. Je devais avoir une tête pas possible ! J'aurais pourtant voulu être présentable pour rencontrer mon patron et mes collègues...

Je m'approchai du comptoir. Un grand type aux cheveux noirs et raides et une petite brune s'affairaient. Le type m'accueillit avec un grand sourire.

— Qu'est-ce que je peux faire pour toi ?

— Je m'appelle Ashley et je suis supposée travailler ici.

— Super, ravi de te rencontrer ! Je m'appelle Dennis. Je t'en prie, entre !

Il faisait une chaleur horrible dans ce stand. J'ai cru que j'allais me mettre à bouillir !

— Ne t'inquiète pas, compatit Dennis, on finit par s'habituer. Comme c'est ton premier jour, tu vas t'occuper des parts de pizzas et des boissons. Il faut que j'y aille, j'ai une réunion de manager. Demain je t'apprendrai à tenir le livre de comptes. Ça te va ?

— Ça me va !

— Penny ! lança Dennis à la petite brune. Je te présente Ashley, elle va prendre les commandes. Je te laisse la maison !

— Pas de souci, fit la fille.

Je souris à Penny, mais elle se retourna rapidement pour nettoyer le comptoir. Je ne savais pas très bien où me tenir ni quoi faire. J'essayai de briser la glace.

— Cet endroit est un vrai sauna !

Penny me regarda à peine.

— Tu viens d'où ? demandai-je.

— D'un coin dont tu n'as sûrement jamais entendu parler, lâcha-t-elle.

Je compris qu'elle n'ajouterait rien de plus. Ça commençait mal ! Il me restait encore trois heures avant la fin de mon service.

Mary-Kate

Après avoir téléphoné à Jake, je me changeai et allai jusqu'à la scène B. Je m'approchai d'un type qui portait des dreadlocks.

— Bonjour, je cherche le responsable de cette équipe.

— C'est moi, dit l'homme en me tendant la main. Je m'appelle Théo et je suis le coordinateur. Et toi ?

— Mary-Kate Olsen. Je suis désolée, je suis en retard.

— Ravi de faire ta connaissance ! Olsen... Ce nom me rappelle quelque chose. Ça y est, je sais ! Tu ne serais pas de la famille du Olsen qui travaille à la maison de disques « Zone » ?

— Si, c'est mon père...

— Super, j'en ai beaucoup entendu parler ! Les musiciens adorent travailler avec lui. Je suis très content de t'avoir parmi nous. Ne t'en fais pas pour le retard, Chris et Mélinda vont te montrer ce qu'il faut faire. Et il désigna un garçon et une fille qui déchargeaient un énorme ampli.

— Merci, Théo, j'y vais tout de suite !

J'avançai vers les jeunes.

— Salut, je m'appelle Mary-Kate, je peux vous donner un coup de main ?

— Ça n'est pas de refus, répondit Mélinda.

Elle portait un T-shirt rose sur un short en jean et avait de longs cheveux blonds bouclés.

— Je m'appelle Mélinda, reprit-elle. Voici mon frère, Chris !

— Salut, dit Chris. Je t'aurais bien serré la main, mais je suis tout sale !

— C'est bon ! répliquai-je en souriant. Qu'est-ce que je peux faire ?

Nous passâmes la demi-heure suivante à déballer le matériel d'un groupe de heavy metal appelé les Flingueurs de tortues. Le heavy metal n'était vraiment pas mon truc !

Beaucoup de gens circulaient sur la scène. Je demandai à Chris s'ils faisaient tous partie du groupe.

— Difficile à deviner, s'esclaffa-t-il. Les fans des Flingueurs sont habillés comme le groupe ! Des vrais clones !

Au bout d'une heure environ, Théo nous proposa de faire une pause. Ce travail de force nous avait totalement assoiffés ! Nous nous installâmes au pied d'un arbre.

— Alors, Mary-Kate, commença Mélinda, comment as-tu atterri au festival ?

— C'est grâce à mon père, répondis-je. Il travaille dans une maison de disques. Quand il a su que le festival avait besoin de monde, il nous a inscrites, ma sœur et moi, sans nous prévenir. Une surprise !

— C'est supersympa de sa part ! remarqua Mélinda. Moi, mes parents se sont moqués de moi quand je leur ai montré l'annonce sur Internet.

— Alors comment as-tu fait pour les convaincre ?

Mélinda éclata de rire.

— On les a persuadés qu'aller travailler tout un été à l'extérieur serait un plus pour notre CV.

— Ça a marché ! continua Chris. On ne voulait surtout pas louper ce festival ! On est des vrais cinglés de musique, tous les deux !

— C'est qui, vos groupes préférés ? fis-je.

— Ma sœur tombe raide dingue d'un nouveau groupe chaque semaine ! soupira Chris. En ce moment, elle adore les Glowstick. Nous n'avons vraiment pas les mêmes goûts...

— Moi aussi, j'adore les Glowstick ! lançai-je. Tu ne m'en veux pas trop, Chris ?

Il se protégea les yeux du soleil pour mieux me voir.

— Il faudra bien que je m'y fasse... Tu viendras à la maison de la plage, ce soir ?

— Qu'est-ce que c'est, la maison de la plage ?

— Un endroit génial ! s'écria Mélinda.

Au bord de la plage, il y a une vieille maison abandonnée et tous les soirs les gens du festival s'y retrouvent pour faire la fête.

— On danse, ajouta Chris enthousiaste, on joue de la musique autour d'un feu et on mange !

— Ça a l'air sympa, dis-je. Je pense que ma sœur et moi on viendra !

Je m'allongeai sur l'herbe en souriant. Cette maison sur la plage avait l'air formidable, mes collègues étaient sympas. J'avais hâte d'en parler à Ashley.

Ashley

— Et voila, un Coca et une pizza !

J'étais en sueur et je manquais d'air. Plus qu'une demi-heure avant de rentrer prendre une douche ! Après quelques heures passées sur ce stand enfumé, je ne savais plus très bien où j'en étais. En plus, ce n'était pas facile de rester aimable avec les clients dans cette atmosphère surchauffée... sans parler de Penny qui ne m'avait pas adressé la parole une fois en trois heures !

— Hé, Penny ! appela une voix. Livraison d'assiettes !

Je me retournai. Un garçon brun très mignon attendait à la porte avec des sacs bourrés d'assiettes en carton et de tasses. Il ouvrit un des placards et se mit à ranger sa livraison. Je ne le quittai pas des yeux. Son bronzage était sublime !

Au bout d'un moment il m'adressa un grand sourire.

— Bonjour ! fis-je. Moi, c'est Ashley !

— Salut, dit-il timidement. Moi, c'est Brian !

Il se remit à ranger ses assiettes. Je souris. Ce garçon sublime était apparemment du genre beau ténébreux !

— Au fait, Penny, repris-je gaiement, comment es-tu arrivée ici ?

— J'avais besoin d'un job, c'est tout, lâcha-elle.

Pourquoi cette fille ne voulait-elle pas me parler ?

— Tu es musicienne ou... ?

— Excuse-moi, murmura-t-elle, je dois aller chercher de la glace.

C'était la première fois de ma vie que j'avais envie d'arracher les yeux à quelqu'un que je ne connaissais pas. Franchement, qu'est-ce que j'avais fait pour qu'elle soit aussi désagréable ?

Je jetai un coup d'œil vers Brian. Il m'adressa un sourire réconfortant. Je sortis alors du stand pour prendre l'air et là je me sentis tout de suite mieux ! Il devait bien y avoir dix degrés de moins à l'extérieur...

Brian sortit à son tour.

— Ne t'en fais pas ! chuchota-t-il avec un sourire craquant. Ça va s'arranger, avec Penny !

Brian avait l'air tellement sûr de lui que je le crus tout de suite.

— À bientôt, dit-il en s'éloignant.

— Bye !

En rentrant dans le stand, je me surpris à sourire ! Et si je souriais malgré cette journée pénible, c'est que Brian m'avait fait de l'effet. Beaucoup d'effet...

4

Mary-Kate

— Je meurs de faim, m'exclamai-je en entrant avec Ashley dans la salle à manger du personnel.

À part quelques personnes ça et là, la salle était déserte. J'examinai le buffet. Voyons... Tarte salée ? Poisson grillé ? Ragoût ? Non, sûrement pas !

— Tiens, j'ai croisé les Flingueurs de tortues, dis-je en prenant des pâtes à la sauce tomate.

— Les quoi ?

— Tu as bien compris !

— Tu as de la chance ! soupira Ashley. Moi, derrière mon comptoir, je ne verrai jamais personne de connu !

— Mais si ! Je suis sûre que tous ces

groupes adorent les pizzas. Tu vas devenir leur fournisseur attitré ! Et souviens-toi, tu dois PO-SI-TI-VER !

Ashley traversa la salle à manger en traînant les pieds. Visiblement, elle avait passé une sale journée. Mais j'avais des nouvelles qui allaient lui remonter le moral.

— Tu sais, repris-je, j'ai rencontré des gens super cet après-midi : Chris et Mélinda, ils sont frère et sœur. Ils m'ont parlé d'une maison abandonnée sur la plage où tout le monde se retrouve le soir. Il faut absolument qu'on y aille !

Le visage d'Ashley s'éclaira un peu.

— Ah oui ? Et c'est quoi ?

— Il y a de la musique, on danse et on mange non-stop !

— Super, c'est exactement ce dont j'ai besoin ! fit Ashley.

— Tu n'as rencontré personne de sympa, aujourd'hui ?

Ashley eut un grand sourire.

— Si, quand même... Il y a un type, Brian. Il a l'air gentil mais nous n'avons pas beaucoup discuté.

— Mignon ?

— Supermignon !

Je fronçai les sourcils.

— Alors, pourquoi tu as l'air si déprimée ?

— C'est à cause de la fille avec qui je travaille. Elle m'a snobée toute la journée. Je crois qu'elle me déteste !

— C'est impossible, dis-je en attaquant mes spaghettis.

Je manquai recracher ma première bouchée. C'était glacé et la sauce était infecte.

— Qu'est-ce qui t'arrive ? demanda Ashley.

— Je comprends pourquoi personne ne mange ici, c'est absolument immonde ! Pire qu'au lycée !

Ashley repoussa son assiette.

— Il faut vraiment qu'on fasse une descente à l'épicerie !

— Si on allait plutôt voir ce que donne cette maison sur la plage ? proposai-je.

Nous nous levâmes immédiatement.

« Maison de la plage, nous voilà ! » pensai-je.

— Waou ! fis-je en arrivant devant la maison de la plage.

Ashley, Chris, Mélinda et moi descendîmes

de la Jeep de Chris. Une cinquantaine de garçons et de filles étaient rassemblés autour d'un feu et, un peu plus bas, on apercevait une énorme maison en planches. Un groupe de musiciens jouait sur une scène en bois éclairée par des phares de voitures et tout le monde dansait.

— Qu'est-ce qu'on attend ? lança Ashley. On y va ?

Nous avançâmes sur la plage. Il y avait une légère brise un peu fraîche. Je pris des boissons pour tout le monde et Chris attrapa un sac plein de trucs à grignoter.

— Ça vous convient, ici ?

— Plutôt deux fois qu'une ! m'écriai-je.

Un tas de piques était posé près du sac, pour faire rôtir les marshmallows sur le feu.

— Chris est le roi des marshmallows grillés, avertit Mélinda en tendant sa pique à son frère.

— Dans ce domaine, je suis un véritable artiste, approuva-t-il d'un air solennel.

— Tu veux bien me faire le mien ? implora Ashley.

— Je m'en occupe !

Chris embrocha quatre marshmallows. Une minute après, les brochettes étaient dorées à souhait. Il posa devant moi deux morceaux de pain et un carré de chocolat, ajouta le marshmallow et me tendit le petit sandwich.

— Tout le secret est dans le positionnement du pain, expliqua-t-il. Allez, goûte-moi ça !

Je mordis goulûment dans le petit sandwich. Le chocolat fondit dans ma bouche.

— C'est délicieux !

Chris se mit à rougir et refit une tournée.

— Si on allait voir le groupe de plus près ? proposa Mélinda.

— Ils sont vraiment bons, ces musiciens. C'est qui ? demanda Ashley en s'approchant de la scène.

Chris désigna les garçons tour à tour.

— Ils s'appellent Dan, Justin, Chico et Rick. Leur groupe n'a pas encore de nom !

— Tu les connais ? fis-je.

— Bien sûr, ils bossent tous à la sécurité ! répondit Mélinda. Tu sais, la plupart des gens qui travaillent sur le festival veulent devenir musiciens.

— Et à la fin du festival, ils seront fixés sur leur avenir, poursuivit Chris en avalant son dernier marshmallow. Il y a un grand concours et le gagnant remporte un contrat avec une maison de disques.

— Je n'y crois pas ! m'écriai-je. Cela signifie que tous ces gens sont là pour être découverts ?

— Et aussi pour voir les autres jouer, compléta Mélinda. C'est l'endroit idéal pour savoir ce qui se fait de nouveau en musique et rencontrer des musiciens.

Le groupe joua son dernier morceau puis regagna la foule sous les applaudissements. Un nouveau groupe monta sur scène.

— Tu te rends compte ? glissai-je à Ashley. Si ça se trouve, quelqu'un ici va devenir un grand nom du rock avant la fin de l'été ! C'est génial !

Soudain Ashley me prit le bras.

— Regarde, c'est Akiko !

Je me retournai. Sur scène, il y avait la fille qui nous avait accueillies cet après-midi.

— Bravo, Akiko ! ai-je crié.

Tout le monde se mit à applaudir. Akiko scruta la foule.

— Qui que tu sois, merci à toi !

Elle commença à jouer de la guitare puis se mit à chanter. Elle avait une très jolie voix, chaude, grave et sensuelle. J'observai mes amis. Visiblement, ils étaient sous le charme.

La compétition entre les apprentis artistes s'annonçait rude...

Ashley

Akiko termina son concert. Le vent de l'océan souffla tout à coup plus fort. Je m'emmitouflai dans mon sweater. Comment était-il possible d'avoir si chaud et si froid dans la même journée ?

— On marche un peu ? proposai-je.

Nous nous éloignâmes de la scène et longeâmes le bord de l'eau. Au bout d'un moment, quelques accords de guitare nous parvinrent aux oreilles. Je saisis le poignet de Mary-Kate.

— Tu as entendu ?

— Quoi ?

Maintenant le son de la guitare était plus net. Une très jolie voix s'éleva, une voix de fille incroyablement pure.

— Ça vient de la crique là-bas, indiqua Mélinda.

— Allons voir, chuchota Chris.

Et il se précipita vers les rochers. Nous le suivîmes et escaladâmes quelques rochers. De là, nous pûmes voir l'intérieur de la crique.

J'ouvris de grands yeux. Penny et Brian étaient assis côte à côte près d'un feu. Brian jouait de la guitare et Penny chantait. Elle avait la plus jolie voix que j'aie jamais entendue. Quant à Brian, il jouait de la guitare comme un dieu !

— C'est Brian et Penny, expliquai-je à Mary-Kate.

— Penny de la pizzeria ? Le Brian que tu trouves si mignon ?

— Oui... soupirai-je.

Je me mordis les lèvres. Une fille et un garçon sur une plage au clair de lune, c'était très romantique. Mais Penny et Brian ensemble sur une plage au clair de lune, c'était complètement déprimant !

5

Ashley

Mélinda n'en revenait pas.

— Ils sont vraiment bons, ces deux-là !

— C'est vrai, dis-je pensive.

Mary-Kate me donna un petit coup de coude.

— Allez, demande-lui !

Je regardai Mélinda.

— Est-ce que Brian et Penny sont... enfin, tu sais... ensemble ?

— Brian et Penny ? s'exclama-t-elle. Pas du tout, ils sont amis d'enfance, ils arrivent tous les deux de Seattle.

— Oh ! Juste amis ! C'est cool...

Soudain Chris poussa un cri et s'affala par terre. Il s'était tordu la cheville dans les rochers. Brian et Penny s'arrêtèrent immédiatement de jouer et s'approchèrent.

— Heu... Coucou ! fit Mélinda.

— Salut ! répondit Brian.

Il posa les yeux sur moi et sourit.

Penny se planta devant moi.

— Depuis combien de temps êtes-vous là ?

— Pas très longtemps, affirmai-je avec empressement. Nous marchions au bord de l'eau et nous avons entendu...

— C'est dingue ! Vous étiez en train de nous espionner !

— On est désolés, Penny, intervint Mélinda. Mais on ne savait pas que tu chantais si bien !

— C'est vrai ! ajouta Chris. Vous devriez discuter avec Ashley et Mary-Kate... Leur père est dans la musique, il pourrait peut-être vous filer un coup de main !

— Comment cela ? demanda Brian.

— Leur père est un gros ponte dans la musique. C'est pour ça qu'elles bossent ici cet été. Hé ! les filles, vous devriez appeler votre père pour...

— Nous n'avons besoin de personne ! coupa Penny.

Et sur ces mots, elle s'éloigna.

— Penny, attends ! cria Brian.

Mais c'était trop tard, elle avait filé.

— Je suis désolé, s'excusa Chris. Je pensais bien faire !

— Ne t'inquiète pas, dit Mary-Kate. Tu n'y es pour rien...

Tout à coup, la plage s'assombrit. Brian avait jeté du sable sur le feu. Il revint vers nous la guitare à la main. Il était craquant avec son sweat trop grand et son jean élimé.

Nous repartîmes vers la maison de la plage.

— Ne vous en faites pas pour Penny, lança Brian. D'habitude nous répétons sans public.

— Ça va... répliquai-je. Brian, je te présente ma sœur, Mary-Kate.

Il nous observa tour à tour, incrédule.

— Oui, oui, confirma Mary-Kate, nous sommes bien jumelles. Ce n'est pas une hallucination !

— Je préfère ça, fit Brian en riant. Donc, votre père travaille pour une maison de disques, c'est génial !

Je soupirai.

— Oui, mais c'est la première fois qu'on

approche d'aussi près le show-business. Pour être tout à fait honnête, je ne crois pas que l'on puisse vous aider.

— Ne t'en fais pas, on se débrouillera seuls. Nous pensons participer au concours du festival, alors qui sait ? Ça marchera peut-être...

— En tout cas, constatai-je, vous êtes vraiment bons ! C'est qui, ton guitariste préféré, celui auquel tu voudrais ressembler ?

— J'ai plein d'influences différentes, pas mal de choses des années soixante-dix... Mais actuellement, celui que je préfère, c'est Gavin Michaels, le guitariste des Glowstick.

Mary-Kate me fit un clin d'oeil.

— Excellent choix, bravo ! remarqua-t-elle. Nous aussi, on est fans des Glowstick !

— Je suis flatté, merci ! dit Brian en riant.

Nous arrivâmes au bout de la plage. Penny attendait près des voitures en donnant des coups de pied dans le sable. Elle avait l'air tellement énervée que je voulus m'excuser à nouveau.

— Hé, Penny !

Elle pâlit immédiatement.

— Je suis... vraiment désolée de vous

avoir... surpris, bafouillai-je. Mais tu as une voix tellement...

— Brian ! appela sèchement Penny, je suis crevée, tu peux me ramener ?

Et elle s'installa à la place du passager.

— Évidemment ! fit Brian en m'adressant un sourire gêné.

Penny claqua la portière de la voiture. J'étais folle de rage ! Pourquoi cette fille était-elle aussi désagréable et combien de temps cela allait-il durer ?

— Qu'est-ce que je lui ai fait ? murmurai-je à Mary-Kate.

— Rien, c'est une bêcheuse, c'est tout !

J'aurais voulu trouver Penny sympathique, mais là, je finissais par croire que Mary-Kate avait raison.

Brian posa sa guitare sur le siège arrière puis s'approcha.

— Écoute, Ashley, ne t'en fais pas pour Penny, elle n'est pas très bien en ce moment.

— Ça n'est pas grave, dis-je.

— On se voit plus tard ? proposa Brian en montant dans sa voiture. J'ai été ravi de vous rencontrer toutes les deux.

— Nous aussi ! répondit Mary-Kate.

Chris, Mélinda, Mary-Kate et moi retournâmes ensuite sur la plage pour faire la fête, mais j'étais préoccupée. Je n'aimais pas que les gens me détestent, spécialement quand je n'avais rien fait pour ça.

Je pris Mary-Kate à part.

— À ton avis, qu'est-ce que Brian entendait par « Penny n'est pas très bien en ce moment » ?

— Aucune idée ! décréta-t-elle. Mais ce que je sais, c'est que tu te sentiras mieux quand tu le sauras !

— Tu crois ?

— Oui, tu as besoin de savoir les gens heureux autour de toi. Allez, viens, on va danser !

Nous nous sommes mises à danser avec les autres devant la scène. Mary-Kate avait raison, je ne serais tranquille que lorsque je comprendrais pourquoi Penny se conduisait de cette façon.

6

Ashley

Le matin suivant, je me réveillai à l'aube. Mary-Kate dormait encore comme un bébé. Mais je n'en pouvais plus de regarder le plafond. Je me levai, pris mes affaires de toilette et me dirigeai vers les douches au bout du couloir. J'entendis alors une voix qui venait du foyer. Intriguée, je me suis approchée. C'était Penny qui discutait au téléphone. Elle avait l'air bouleversée.

— Oui, disait-elle, à moi aussi tu me manques !

Je fronçai les sourcils. Penny avait peut-être un petit copain à Seattle et elle s'ennuyait de lui. C'était sans doute cela qui la rendait odieuse. Je tendis l'oreille. J'étais un peu honteuse d'écouter aux portes, mais il fallait que je sache.

— Ne t'en fais pas pour ça, Maman, reprit-elle. On s'en sortira, tu verras.

Je me mordis les lèvres. Non, il n'était pas question de petit copain. Alors, de quoi Penny pouvait-elle bien parler avec sa mère ? Ses parents seraient-ils en train de se séparer ? Cela expliquerait sa mauvaise humeur... Penny se tourna soudain vers la porte. Je reculai très vite contre le mur et laissai échapper ma trousse de toilette par terre.

— Maman, je dois raccrocher ! souffla Penny.

J'essayai de ramasser mes affaires. Trop tard ! Penny était déjà devant moi.

— Tu m'espionnes encore ! Tu n'as vraiment rien de mieux à faire ?

— Je... je suis... désolée, bégayai-je. Je n'avais pas l'intention de...

— Laisse tomber !

Verte de rage, Penny tourna les talons.

J'étais atterrée. Je venais d'être prise en flagrant délit d'espionnage ! Un truc à me faire détester à vie ! En plus, j'avais raté l'occasion de découvrir le secret de Penny...

Cet après-midi-là, au stand de pizzas, Dennis m'expliqua comment utiliser le livre de comptes.

— Alors, Ashley, ça te plaît, ce job ?

— C'est sympa. Surtout maintenant que j'ai compris comment m'habiller pour ne pas mourir de chaleur !

Dennis éclata de rire. Je portais un débardeur et un short. Mes cheveux étaient relevés en chignon. Tout cela rendait la chaleur plus supportable et, par chance, aujourd'hui Penny ne travaillait pas ! L'idée de la revoir après ce qui s'était passé le matin me rendait malade !

— Bon, je pense que tu t'en tireras très bien, affirma Dennis. Il faut que je file au boulot. Tammy passera te donner un coup de main.

— Tu as un autre travail en plus de celui-là ? demandai-je.

— Oui, j'ai mon vrai job en ville. Je travaille dans un foyer pour enfants. Et aujourd'hui il y a un artiste qui vient faire un spectacle, donc il faut que je sois là quand il arrivera.

— Super ! À demain !

— Bye !

Je me penchai sur le livre de comptes pour revoir ce que Dennis venait de m'expliquer.

— Alors, ça bosse dur ? fit une voix.

Je levai la tête. Brian était accoudé au comptoir. Il tenait à la main un rouleau de papier.

— Pas vraiment, remarquai-je, c'est une journée plutôt calme côté pizzas ! Tu en veux un morceau ?

— Non merci, je sors de table ! En fait, j'étais venu pour m'excuser pour hier soir. Penny ne supporte pas qu'on l'écoute chanter.

— Mais pourquoi ?

— Elle fait partie de ces gens qui perdent leurs moyens en public.

Je fixai Brian avec de grands yeux.

— Dans ces conditions, ça ne va pas être très facile de participer au concours !

— C'est vrai, admit-il, mais on y travaille ! Penny a tellement de talent, j'adore jouer pour elle. Mais... elle va devoir dépasser sa peur, sinon on n'y arrivera pas ! Et moi je veux vraiment devenir un pro !

Je hochai la tête. Je comprenais mieux les sautes d'humeur de Penny. Fallait-il que je parle à Brian de l'incident du matin ? Non, pas nécessairement.

— J'espère que tu ne vas pas trouver ça bizarre, reprit-il, mais j'ai fait un truc pour toi hier soir en rentrant.

Il me tendit le rouleau de papier. Je le déroulai. C'était un magnifique dessin au fusain qui représentait la maison de la plage. J'étais stupéfaite.

— C'est toi qui as fait ça ?

— Oui, en général je dessine le soir, quand je n'arrive pas à dormir.

Je souris. Brian avait décidément beaucoup de talents...

— J'adore ! murmurai-je. Merci beaucoup !

— Je t'en prie, ce n'est rien. Écoute... Tu voudrais bien sortir avec moi un de ces soirs ?

L'espace d'une seconde, je ne pus ouvrir la bouche.

— Heu... Oui, avec plaisir !

— C'est génial ! dit Brian avec un grand sourire. Mercredi vers dix-sept heures, ça te va ? On pourrait se retrouver au foyer.

— C'est parfait !

— Très bien. À plus tard, alors !

Il s'éloigna. Sa démarche était toute guillerette... Brian était exactement dans le même état d'esprit que moi ! Je me mis à rire et me plongeai dans la contemplation du dessin qu'il m'avait offert. J'étais au septième ciel !

Mary-Kate

— Et si l'on s'occupait du matériel pour la scène ? proposa Mélinda.

Nous étions devant une énorme pile de baguettes en fer.

— Je ne sais pas à quoi elles servent, continua-t-elle, alors déplaçons-les ensemble.

— O.K., dis-je. C'est parti !

Nous venions de soulever la plus grosse d'entre elles quand Chris déboula avec des enveloppes à la main.

— Mélinda, il y a du courrier pour nous !

Chris tendit quelques enveloppes à sa sœur puis en ouvrit une. C'était une grande carte colorée. Il la lut et poussa un gros soupir.

— Qu'est-ce qui se passe ? demandai-je. Des mauvaises nouvelles ?

— Non, rétorqua Chris en riant, c'est juste une carte d'anniversaire de mes parents !

Mélinda me fit un clin d'œil.

— Le pauvre Chris chéri est très triste que son papa et sa maman ne soient pas là pour son anniversaire !

— Et alors ? répliqua Chris. À ma place, tu serais pareille !

— C'est vrai, reconnut-elle. Pour notre anniversaire nos parents font toujours le maximum. Notre père nous prépare un repas d'enfer...

— Et Maman notre gâteau préféré, acheva Chris. C'est toujours un grand moment !

— Nous pouvons peut-être organiser quelque chose, suggérai-je. On pourrait déjeuner tous ensemble, faire un gâteau et chanter « Joyeux anniversaire ». Ce serait sympa !

— Oui ! s'exclama Chris. Ce serait super !

Théo arriva derrière nous.

— Tenez, les enfants. Le planning des concerts !

Il nous tendit une feuille de papier à chacun et s'en alla.

Je parcourus rapidement le programme. C'était génial ! Rave allait jouer pendant quinze jours ainsi que Melissa Ryan. Mais ce qui me fit le plus d'effet fut le nom de... « Glowstick » !

Je regardai Mélinda. Nous hurlâmes de joie exactement au même moment.

Nous nous précipitâmes vers Théo qui discutait avec un autre coordinateur et nous le prîmes chacune par un bras.

— Les Glowstick arrivent quand ?

— Demain, en principe, marmonna-t-il. Je parie que vous êtes des fans !

Je sautai de joie.

— Je n'y crois pas ! Gavin Michaels sera ici demain, en chair et en os ! Nous allons le rencontrer !

— C'est fort possible, releva Théo. C'est un type super.

— Tu le connais ?

— Oui, un peu. En fait j'étais au lycée avec Dave, le batteur.

Nous courûmes vers Chris en gesticulant.

Nous devions avoir l'air complètement hystériques, mais je m'en fichais. J'étais trop contente !

— Oh, mon Dieu ! Mon Dieu ! imita Chris. Gavin Michaels est tellement sexy ! Si je le vois pour de vrai, je crois que je vais m'évanouir !

Mélinda et moi nous nous jetâmes un coup d'œil et, sans un mot, nous empoignâmes des bouteilles d'eau. En un instant, Chris fut mouillé des pieds à la tête. Notre offensive ne l'arrêta pas.

— Gavin... continuait-il. Gavin, je t'aime !

Mélinda et moi étions pliées de rire.

Ashley

Cet après-midi-là, en entrant dans la chambre, je trouvai Mary-Kate au téléphone.

— Il faut que je te parle ! chuchotai-je.

— Une seconde, répondit-elle. Mais non, je ne vais pas tomber amoureuse de Gavin Michaels, rassure-toi !

Je sursautai. De quoi parlait-elle ? Les

Glowstick allaient venir au festival ? Elle les avait déjà rencontrés ? Vite, il fallait qu'elle raccroche !

— O.K., Jake ! conclut-elle. Je te rappelle bientôt. Au revoir.

— Gavin Michaels ! hurlai-je alors.

— Oui, il sera là demain !

Je sautai de joie.

— Incroyable ! Les Glowstick au festival !

— Et il n'y a pas qu'eux ! poursuivit Mary-Kate en me tendant le programme. Il y a Melissa Ryan, Rave, DJ Diamond ! Bonnes nouvelles, non ?

— À propos de bonnes nouvelles... commençai-je en agitant bien haut mon rouleau de papier. Ça, c'est ce que Brian a fait pour moi !

Mary-Kate m'arracha le dessin des mains.

— Ashley, c'est superjoli !

— Oui, dis-je en scotchant le dessin au-dessus de mon lit. Et ce n'est pas tout... Il m'a proposé de sortir avec lui !

Je m'affalai sur mon lit.

— On se voit mercredi... J'ai vraiment hâte !

— Et avec Penny, comment ça se passe ? Elle était là, aujourd'hui ?

— Non, lâchai-je, mais je l'ai vue ce matin. On s'est disputées.

— Pourquoi ?

— Je l'ai surprise alors qu'elle était au téléphone dans le foyer. Apparemment, il lui arrive quelque chose de grave, mais je n'ai pas compris quoi. Et elle n'avait pas envie que je l'apprenne !

Mary-Kate fit la moue.

— Hum, pas terrible, tout ça...

— Non... repris-je. Et Brian m'a confié que Penny était morte de peur à l'idée de se produire en public. Du coup, ils ne sont même pas sûrs de participer au concours !

— Je comprends pourquoi elle était furieuse de nous voir sur la plage !

Je me levai et commençai à marcher de long en large.

— Le problème, c'est que ce concours pourrait vraiment les lancer. Mais si Penny ne veut pas monter sur scène, ils n'ont aucune chance de se faire connaître !

— Il faut les aider, décida Mary-Kate.

— Oui, mais comment faire ? Penny me hait !

— On va trouver une solution !

Je fermai les yeux. J'étais contente mais pas complètement rassurée. J'aurais tout donné pour que Penny me fasse un peu confiance. Mais après la dispute du matin, je ne voyais pas comment un tel miracle pourrait se produire !

Mary-Kate

Ce soir-là, Mélinda et moi participions aux essais de son des Flingueurs de tortues. Nous résistions tant bien que mal à la tentation de nous boucher les oreilles. Pendant ce temps-là, Chris était dehors avec une partie du groupe, à gesticuler sur la musique.

— Mary-Kate, regarde ! lança Mélinda en désignant la porte du fond.

Je tournai la tête. Un bus sur lequel était inscrit « Glowstick » en lettres d'or se garait sur le parking. Je crus que la terre se dérobait sous mes pieds !

— Viens, soufflai-je.

Nous nous dirigeâmes vers la table à laquelle Théo et quelques autres étaient assis.

— Voilà, comme ça on voit mieux le bus !

— Je crois que je vais me sentir mal, murmura Mélinda.

Et elle attrapa une tasse sur la table pour se donner une contenance.

Le groupe commença à descendre du bus. Je reconnus le batteur, Dave Aikens, et le bassiste, Mark Passero. Puis Gavin Michaels arriva enfin. Il s'étira et son ventre musclé apparut sous sa chemise. J'étais en transe !

Théo s'approcha et serra la main de Dave puis de Gavin. Ils se mirent à discuter et Théo fit un signe dans notre direction.

L'instant d'après, Gavin était là, juste devant nous. Ses cheveux noirs savamment ébouriffés lui tombaient sur les yeux. Des yeux encore plus bleus que sur le poster de ma chambre ! J'en avais le souffle coupé. Mélinda n'était pas mieux que moi. Je crus qu'elle allait s'évanouir : elle était blanche comme un linge !

— Salut, les filles, ça va ?

— Sa... lut, bredouillai-je.

— Je me présente : Gavin Michaels !

Et il me tendit la main.

« Comme si je ne le savais pas ! » pensai-je en lui serrant la main.

Je n'y croyais pas ! J'avais touché la main de Gavin Michaels !

— Je m'appelle Mary-Kate et voici Mélinda !

— Enchanté, dit Gavin.

Mélinda était pétrifiée. Plus un son ne sortait de sa bouche.

— Et que faites-vous ici ? reprit Gavin en prenant des crackers. Vous permettez ? Je meurs de faim !

J'ouvris de grands yeux. Les rock stars ne faisaient donc pas tout ce qu'elles voulaient ?

— Je t'en prie, sers-toi, répondis-je. Nous nous occupons du matériel sur les concerts.

— Super ! Alors vous pouvez voir jouer tous les groupes ?

— Oui. Tu dois connaître tout le monde ici, non ?

— Pas vraiment ! répliqua Gavin en souriant. En fait, quand j'arrive dans ce genre de manifestation, je suis un peu perdu. C'est comme si je redevenais l'idiot de l'université !

Mélinda éclata de rire.

— Tu étais idiot, à la fac ?

— Je passais pour un drôle d'oiseau ! raconta Gavin. Un musicos un peu fou, qui ne parlait jamais à personne... Un vrai sauvage !

— C'est difficile à croire, remarquai-je.

— Et pourtant c'est vrai !

Un des types du bus s'approcha.

— Hé, Gavin, tu viens ? Ils vont nous faire visiter le coin !

Gavin se tourna vers nous.

— Je dois y aller ! Ravi de vous avoir rencontrées !

— Nous aussi ! soupirai-je.

Gavin me fixa un instant.

— Au fait, ça te plairait qu'on sorte un jour, quand tu ne travailles pas ?

— Heu... Pourquoi pas... ? bafouillai-je. Bien sûr !

— Parfait, alors à très bientôt, Mary-Kate !

Et il s'en alla. Dès qu'il fut assez loin, Mélinda poussa un cri.

— Est-ce que je rêve ou Gavin Michaels t'a vraiment invitée ?

Je restai sans voix. Gavin Michaels, mon idole, m'avait proposé de sortir avec lui.

Cet été allait bien être le plus fantastique de toute ma vie !

7

Ashley

Je me plantai devant le miroir.

— Alors, Mary-Kate, de quoi j'ai l'air ?

— Quand Brian te verra, répondit-elle, il restera sans voix.

— Tu crois ?

Je soupirai. J'avais choisi une petite robe en lin bleu et des sandales assorties. La minijupe noire était peut-être mieux ? Non, je ne voulais pas en faire trop non plus.

Mary-Kate ramassa mon sac et me le tendit.

— Tu es super, crois-moi...

— Merci !

Je respirai profondément. J'étais nerveuse depuis que je m'étais levée. C'était peut-être ridicule mais j'aimais beaucoup Brian et je tenais vraiment à ce que ce rendez-vous se passe bien.

— Bon, allez, dehors ! dit Mary-Kate en me poussant. Il doit t'attendre.

— J'y vais ! Souhaite-moi bonne chance !

— Tu n'en as pas besoin ! Mais bonne chance quand même...

Je sortis et pressai le pas. Quand je vis Brian, je sursautai. Il portait un T-shirt usé, un short et des chaussures de marche. Je ne savais plus où me mettre !

— Heu... bredouilla-t-il. Je suis désolé, j'aurais dû te prévenir que je voulais t'emmener en balade...

— Donne-moi deux minutes ! lançai-je.

Je fonçai jusqu'à ma chambre. Je me changeai à toute vitesse puis revins vers Brian.

— Ça va mieux comme ça ?

Il éclata de rire.

Nous marchâmes pendant près d'une heure dans les sous-bois ombragés.

— Que c'est beau ! m'exclamai-je.

— Attends, tu vas voir ce qu'il y a derrière cette colline !

Nous arrivâmes dans une ravissante

clairière avec un petit ruisseau et une magnifique chute d'eau.

— C'est sublime, Brian ! Comment as-tu découvert cet endroit ?

— Je me baladais et je suis tombé dessus par hasard.

Il sortit de son sac à dos une petite couverture et l'étendit au bord de l'eau.

— Installe-toi... En fait, j'espérais bien trouver quelqu'un pour venir ici avec moi un jour...

— Merci !

Brian sortit une boîte de crackers, un morceau de fromage, un Thermos de thé glacé et des serviettes en papier.

— Tu as vraiment tous les talents ! remarquai-je en riant. À propos, tu fais de la musique depuis combien de temps ?

— Depuis toujours ! Mon père est prof de musique et il m'a appris à jouer tout petit.

— Et Penny et toi, continuai-je, vous formez ce duo depuis longtemps ?

— Non, depuis un an seulement ! Nous avons joué ensemble une fois pendant un cours de musique et j'ai tout de suite vu que nous étions sur la même longueur d'onde.

J'espère que le concours va marcher, ce serait vraiment génial...

Je m'installai plus confortablement sur la couverture. Ce concours avait beaucoup d'importance pour Brian. Pourvu que Penny oublie son trac !

— Est-ce que Penny va bien... Enfin... à part son angoisse du public ?

Brian détourna les yeux.

— Excuse-moi, murmurai-je, je n'aurais pas dû...

— Écoute, commença Brian, je sais que vous n'êtes pas très copines, mais Penny est une fille bien, je t'assure. Elle est juste un peu... perturbée en ce moment.

— Hum...

Brian me regarda dans les yeux et sourit.

— Bon, nous n'allons pas parler de Penny tout le temps ? Essayons de ne plus y penser et de nous amuser, non ?

— D'accord !

— Ho, zut ! fit Brian. J'ai oublié un truc !

Il se leva et se dirigea vers le bois. Je le vis se pencher. Qu'est-ce qu'il faisait ? Je souris. Après tout, peu importait ! J'étais bien et Brian avait absolument tout fait pour que ce rendez-vous soit parfait. J'étais tombée sur le garçon idéal !

Il revint avec un petit bouquet de fleurs.

— Tiens, c'est pour toi !

Je restai bouche bée.

— Qu'est-ce qu'il y a ? s'inquiéta Brian.

— Rien... je me disais juste que je n'avais jamais rencontré un garçon comme toi.

Et c'était vrai ! D'habitude, les garçons n'étaient jamais aussi romantiques. Ils essayaient plutôt de m'impressionner avec leur voiture, des cadeaux ou des dîners chics.

— Et c'est plutôt bon signe ou mauvais signe ? demanda Brian en s'asseyant près de moi.

— Plutôt très bon...

Il se pencha vers moi très doucement. Un léger frisson me parcourut. Je fermai les yeux et nos lèvres se joignirent.

« Un baiser parfait, dans un endroit parfait, avec un garçon parfait ! » pensai-je. Ce moment resterait gravé en moi à jamais.

— Achetez votre T-shirt des Glowstick ! Qui n'a pas encore son T-shirt Glowstick ?

Je souris au garçon qui tenait la boutique.

Allait-il s'égosiller comme ça toute la journée ? Nous étions jeudi après-midi, le lendemain de mon rendez-vous parfait avec Brian. J'avais encore un peu de temps avant d'aller travailler et j'en profitais pour faire du shopping. Je m'arrêtai devant un stand d'accessoires. Une paire de lunettes de soleil attira mon attention. Les verres étaient bleu foncé sur une monture très légère. De vraies lunettes de rock star !

— Trop bien ! m'extasiai-je à voix basse.

Peut-être allais-je pouvoir me les offrir avec une partie de mon salaire ? En voyant le prix, je grimaçai. Je ne pouvais pas me payer la chaîne et les lunettes...

Quand j'arrivai au stand de pizzas, Penny était déjà là. Nous ne nous étions pas reparlé depuis l'incident du foyer. Je respirai un grand coup et m'installai derrière le comptoir. Allait-elle m'adresser la parole ? Au même moment, je remarquai une rose rouge sur le comptoir.

— C'est pour toi ! fit Penny.

— Ho, merci !

— Ça ne vient pas de moi, précisa-t-elle vivement.

— Je sais, je te remerciais juste de me le signaler.

Penny me tourna le dos et je pris la fleur. Je souris béatement. Brian l'avait apportée pour moi.

Penny claqua la porte d'un placard. Il fallait que je lui parle. Nous étions coincées là toutes les deux et nous n'allions pas passer tout l'été à nous faire la tête. Je reposai la rose sur le comptoir et regardai Penny droit dans les yeux.

— Écoute, Penny... Je suis désolée pour l'autre jour, je ne voulais pas t'espionner.

Elle croisa les bras.

— Et qu'est-ce que tu as entendu, au juste ?

— Rien du tout, je te jure !

— Écoute, je n'ai pas de portable ni rien... Alors, s'il te plaît, ne me fais plus un coup pareil, d'accord ?

— O.K., c'est promis !

J'allais lui demander pourquoi elle avait parlé de portable, quand Brian arriva tout essoufflé.

— Salut, les filles !

— Salut, dis-je. Merci pour la rose, elle est très belle.

— Content qu'elle te plaise ! En fait, je suis venu voir Penny. J'ai une grande nouvelle !

— C'est quoi ? questionna Penny.

— Tu sais, ce gros producteur de disques que j'ai accompagné tout à l'heure à la scène B ? Nous avons discuté un peu et je lui ai parlé de notre duo. Eh bien, devine... Il veut nous entendre !

— Génial ! m'exclamai-je.

Penny devint toute pâle.

— C'est une blague ?

— C'est peut-être la chance de notre vie, insista Brian. Il faut que tu viennes tout de suite !

Penny se mordit les lèvres

— Main... maintenant ? Impossible, j'ai du travail !

— Je te remplace, proposai-je !

— Tu ferais ça ? s'étonna Penny.

— Oui ! C'est ta chance, ne la rate pas !

Penny s'accrocha au comptoir. Elle tremblait comme une feuille.

— Allez, Pen, viens, dit Brian doucement. Il n'y aura pas beaucoup de monde, ce n'est pas comme si tu devais chanter en public.

Penny m'interrogea des yeux.

— Il a raison, acquiesçai-je. Réfléchis ! Si tu fais une bonne impression à ce producteur, tu n'auras peut-être même pas besoin de participer au concours du festival !

Penny baissa les yeux.

— Ashley, tu es sûre de vouloir me remplacer ?

— Je te le répète, assurai-je, il n'y a aucun problème !

Elle leva doucement la tête. Elle était encore un peu pâle mais elle souriait.

— Alors, O.K. ! Allons-y !

— Bravo ! hurla Brian en levant les bras.

— Bonne chance ! m'écriai-je.

— Merci, dit Brian en me déposant un petit baiser sur la main. Tu dînes avec moi après ton travail ?

— Avec plaisir !

Et là un miracle se produisit. Penny me sourit pour la première fois.

— Merci, Ashley, tu n'étais pas obligée... Merci beaucoup.

— Ça me fait plaisir, je te promets !

Penny et Brian s'éloignèrent et je croisai les doigts. Tout s'arrangeait ! Cela allait mieux entre Penny et moi, j'avais un autre rendez-vous avec Brian et, avec un peu de chance, le rêve de Brian et Penny allait se réaliser !

Mary-Kate

— Il faut vraiment que je raccroche, dis-je à Jake, ce soir-là. J'ai rendez-vous avec Mélinda pour le dîner et je ne me suis pas encore changée. Il faut qu'on organise quelque chose pour l'anniversaire de Chris.

J'enfilai mes chaussures.

— Et Ashley, elle est où ? s'enquit Jake.

— Elle travaille. Bon, je t'appelle demain, ça te va ?

— O.K., amuse-toi bien À demain !

— Salut !

Je raccrochai. Bon ! Qu'est-ce que j'allais mettre ? Allez, mon sweat rouge ! Je passai la main dans mes cheveux et attrapai mon sac.

Je me regardai dans le miroir une dernière fois. C'était parfait !

Je sortis de la chambre et poussai un cri. Quelqu'un attendait derrière ma porte !

— Tu m'as fait une de ces peurs, s'écria Gavin Michaels en posant une main sur son cœur.

— C'est plutôt moi qui ai failli avoir une attaque, rétorquai-je. Une star à ma porte ! Une star en chair et en os !

Je souris. Il était adorable avec son jean, son T-shirt gris et sa vieille veste en daim. Une petite mèche lui tombait sur l'œil et ça me rappelait le poster de ma chambre.

— Je venais voir si tu voulais dîner avec moi, reprit Gavin en mettant ses mains dans ses poches. Mais tu allais partir, non ?

— Oui, désolée, j'allais partir, admis-je. Mais pourquoi tu ne viens pas dîner avec Mélinda et moi ? Je suis sûre qu'elle serait ravie...

— Moui... Ça serait sympa, mais j'aurais voulu être seul avec toi...

J'ouvris de grands yeux. Gavin Michaels voulait dîner seul avec moi ! C'était presque une demande de rendez-vous ! Mais je divaguais, Gavin Michaels sortait avec des mannequins et des actrices. Il ne pouvait pas s'intéresser à une fille comme moi ! Et comment aurais-je pu accepter un rendez-vous ?

J'avais déjà un petit copain, que j'adorais, en plus !

— Mary-Kate, ça va ?

— Très bien, donne-moi deux minutes, j'appelle Mélinda !

— Je t'en prie, prends ton temps.

Je rentrai dans ma chambre, appelai Mélinda et lui expliquai toute l'histoire. Elle éclata de rire.

— Mary-Kate, tu plaisantes ou quoi ? Évidemment que tu peux dîner avec lui !

En fait, j'espérais que Mélinda tenterait de me retenir.

— Tu es sûre que ça ne te dérange pas ? insistai-je. Il faut qu'on s'occupe de l'anniversaire de ton frère !

— Oh, je t'en prie... On s'occupera de ça plus tard ! Quel genre de copine je serais si je t'empêchais de sortir avec Gavin Michaels ?

— Il y a un truc qui m'embête. Je ne peux pas « sortir » avec lui, j'ai déjà un copain !

— Pour l'instant, affirma Mélinda, personne n'a prononcé le terme « rendez-vous » ! Et tu n'es pas en train de tromper ton copain, que je sache !

— Non, bien sûr...

— Alors arrête de réfléchir et amuse-toi ! Et surtout raconte-moi !

— O.K. ! Merci, Mélinda !

Je raccrochai et sortis sans hésiter.

— Alors, c'est bon ? fit Gavin.

— C'est bon !

Je balayai un très vague sentiment de culpabilité puis je souris. J'allais dîner en tête à tête avec mon idole !

8

Mary-Kate

— C'est sans doute le meilleur hamburger que j'aie jamais mangé, dit Gavin à la serveuse.

La jeune fille avait à peu près mon âge. Elle venait à notre table toutes les deux minutes. Une autre fan des Glowstick !

— C'est vrai ? lança-t-elle. Merci !

Gavin trempa une frite dans le ketchup et fixa mon assiette. J'avais à peine touché à mon hamburger.

— Quelque chose ne va pas, Mary-Kate ? demanda Gavin. Tu n'aimes pas ça ? Tu veux qu'on aille ailleurs ?

— Non, tout va bien, c'est juste que je n'ai vraiment plus faim !

Gavin se pencha vers moi. Ses yeux bleus brillaient.

— Tu veux que je te confie un secret ?

Mon cœur s'emballa. Un secret de star, pour moi !

— Avec plaisir !

— Je suis un accro du hamburger ! Quand je vais quelque part, je teste tous les burgers. Comme ça, quand je reviens dans la ville, je sais exactement où aller manger.

— Je vois... Alors celui-ci est vraiment le meilleur que tu aies mangé ?

— Le meilleur à des kilomètres à la ronde, et de loin !

Je souris. Gavin n'avait pas la grosse tête du tout... Je passais vraiment une bonne soirée. En plus, toutes les filles autour étaient folles de jalousie, ce qui, je dois l'avouer, n'était pas désagréable ! Néanmoins... je m'amusais avec un autre garçon que Jake. J'essayai un instant d'imaginer Jake avec une autre fille. Quelle horreur !

« Mais je ne fais rien de mal ! pensai-je. Gavin et moi nous sommes amis et rien d'autre. »

— Tu es sûre de ne plus avoir faim ?

s'étonna Gavin. Parce que les desserts ont l'air mortels !

— Vraiment ?

— Ouais, il y en a même un qui s'appelle « le fondant fatal » !

Gavin appela la serveuse. Celle-ci ne put résister à la tentation de lui demander un autographe. Gavin sourit et lui fit une petite dédicace.

J'étais un peu ébahie. Gavin était un type vraiment sympa, supermignon, et drôle en plus ! De quoi tomber raide amoureuse, en somme...

Ashley

— J'en ai pour une seconde ! m'exclamai-je.

Brian frappait à la porte de ma chambre. Je jetai un dernier coup d'œil au miroir. J'étais fin prête pour mon second rendez-vous !

J'ouvris la porte. Waou ! C'était la première fois que je voyais Brian aussi bien habillé ! Il portait un treillis et une chemise blanche impeccable. Il était magnifique ! Toutefois, il avait l'air un peu triste.

— Salut, Brian !

— Salut, Ashley !

— Qu'est-ce qui ne va pas ? demandai-je.

L'audition qu'il devait passer avec Penny me revint à l'esprit.

— Penny n'a pas pu le faire, murmura-t-il. Elle s'est enfuie au dernier moment.

Je soupirai. Si Penny ne pouvait pas chanter devant un petit groupe d'inconnus, comment pouvait-elle devenir un jour professionnelle ?

— Brian, je suis désolée...

— Je pensais qu'elle y arriverait, je me suis trompé !

Je réfléchis un moment.

— On devrait peut-être lui trouver un public qui ne lui flanque pas le trac. Peut-être que si elle y arrive une fois, sa peur s'envolera à tout jamais ?

Quelque chose me trottait dans la tête. J'avais entendu quelqu'un parler d'un spectacle... Ça y est, je savais !

— Tourne à gauche ici, dis-je.

Ce lundi après-midi, Mary-Kate nous conduisait en ville, Brian, Penny et moi.

Je jetai un coup d'œil dans le rétro. Penny n'avait pas l'air très gaie.

— On y est presque ! repris-je.

— On est presque où ? interrogea-t-elle. Vous m'emmenez où ?

— Fais-nous confiance ! coupa Brian.

— Vous faire confiance ! Mais tu rêves ! Vous me dites qu'on va déjeuner et, une fois en route, je comprends que je dois aller chanter quelque part ! Comment veux-tu que je vous fasse confiance ?

— Tourne là ! indiquai-je à Mary-Kate. On est arrivés.

Nous nous engageâmes sur le parking du foyer pour l'enfance.

— C'est là ? fit Penny.

— Oui, on y est ! répondis-je.

— Dennis, ton patron au stand de pizzas, travaille au foyer, intervint Brian. C'est une idée d'Ashley d'aller chanter là.

J'observai Penny dans le rétro. C'était peut-être une mauvaise idée. Elle commençait tout juste à me sourire...

— On a pensé que tu arriverais sûrement

à chanter devant des enfants, poursuivis-je. Et que ça t'aiderait à dépasser ta peur.

Penny détacha sa ceinture.

— Vous avez de la chance que je connaisse des chansons pour gamins...

Je retins un sourire. Elle ne nous demandait pas de la ramener ! C'était déjà bien...

Dennis nous fit entrer dans une salle remplie de bambins aux yeux brillants.

— Bonjour ! hurlèrent les enfants en chœur.

— O.K., les enfants, expliqua Dennis. Brian est venu jouer de la guitare et Penny va chanter pour vous, alors vous savez ce que vous devez faire...

Les petits se précipitèrent sur un tapis en forme de grosse coccinelle.

Brian et Penny s'assirent face aux enfants.

— Bonjour, commença Penny. Je vais vous chanter une chanson qui s'appelle « L'herbe est devenue folle ». Vous êtes prêts ?

— Ouiiiiiiiiii !

Penny se mit à rire. Elle fit un signe et Brian démarra à la guitare. La chanson était drôle et rythmée et les gamins marquaient la cadence. À la fin, ils applaudirent à tout rompre. Un bout de chou avec des nattes brunes courut vers Penny pour l'embrasser.

— Merci, dit Penny en me regardant.

J'étais ravie. Mary-Kate s'approcha de moi.

— Ashley, tu es la meilleure !

Mary-Kate

Nous étions mercredi après-midi. Installés dans une loge au stade, Gavin et moi assistions à un match de base-ball, des friandises plein les genoux.

— Tous tes mercredis après-midi se passent comme ça ? questionnai-je, ébahie..

— Hélas, non ! répondit Gavin. J'adore le base-ball, mais je n'ai pas toujours le temps d'assister aux matchs. En fait, je n'ai pas mis les pieds dans un stade depuis une éternité.

— Mais tout le monde ici a l'air de te connaître !

En effet, depuis que nous étions arrivés dans notre immense limousine, tous les employés du stade s'évertuaient à combler nos moindres désirs.

— C'est toujours comme ça avec les gens connus, commenta Gavin. C'est un peu étrange d'ailleurs, tu ne trouves pas ?

J'éclatai de rire.

— Tu veux rire ! Avoir les meilleures places, des friandises et des cadeaux, le tout gratuitement, je crois que j'arriverais à m'y faire !

Gavin me sourit.

— Tant mieux, je suis content que ça te plaise !

Je me plongeai dans mes pensées. Qu'est-ce que Jake pouvait faire en ce moment ? Il aurait tellement aimé être ici avec moi.

— C'est drôle, tu sais, reprit Gavin, j'ai voyagé un peu partout dans le monde et j'ai constaté que seuls les Américains ont cette attitude avec les rock stars.

— Vraiment ? dis-je en essayant de chasser Jake de mon esprit.

— Oui. Écoute... Une fois, avec le groupe, nous étions dans un restaurant au Venezuela. Nous avons essayé d'obtenir la meilleure table en précisant qui nous étions au directeur. Eh bien, le type a fait exprès de nous faire attendre...

— C'est dingue !

— Oui ! Et c'est encore plus bizarre en Allemagne. La dernière fois, une fille est entrée dans notre bus et a essayé de piquer les cheveux qui traînaient sur nos peignes !

— Mais pour faire quoi ?

— Les gens sont étranges, soupira Gavin. Mais assez parlé de moi ! Je t'écoute maintenant !

Je baissai les yeux. Qu'est-ce que j'allais bien pouvoir raconter ? Mes démêlés avec la géométrie allaient lui paraître bien fades...

— Que veux-tu savoir ?

— Ton souvenir le plus sympa, par exemple... suggéra-t-il.

Je souris. Ça au moins, c'était facile, c'étaient mes seize ans ! Mais je n'étais pas très sûre d'avoir envie d'en parler. Gavin allait me prendre pour une gamine.

— C'est... la fête de mes... seize ans, bredouillai-je. C'était dément !

— Raconte !

Je n'en revenais pas. Gavin était capable de s'intéresser à ce genre d'histoires ?

— C'était... mortel ! plaisantai-je. Nous étions une centaine d'amis dans une sublime maison qui donnait sur l'océan. La déco était géniale et le DJ excellent. Mais le mieux, c'est quand nos parents nous ont offert la décapotable et qu'ils nous ont annoncé qu'on irait au festival cet été !

— Tu as raison, ça a dû être géant ! Je regrette qu'on ne se soit pas connus plus tôt, j'aurais adoré y être.

Je plongeai le nez dans mon pop-corn. C'était incroyable ! Gavin et moi étions en train de devenir amis...

— Tu dois être invité à des centaines de superfêtes ! remarquai-je.

— Oui, ça fait partie du boulot. Mais je ne m'amuse pas toujours comme un fou...

Soudain Gavin s'interrompit.

— Quelque chose ne va pas ? demandai-je.

— Excuse-moi, je réfléchissais... Il y a un truc qui m'inquiète.

— C'est quoi ?

— Notre contrat avec la maison de disques prend fin cet été et je pense que nous n'allons pas le renouveler. Nous avons un gros désaccord.

— Non !

— Si, nous devons trouver un autre label. Et vite !

« Papa pourrait peut-être les aider, pensai-je. Peut-être que sa maison de disques serait intéressée par un contrat avec les Glowstick ... »

Je regardai Gavin. J'étais partagée entre l'envie de lui remonter le moral et la nécessité de tenir ma langue. Mais il valait mieux que je me taise. Je ne pouvais pas m'avancer sur ce terrain.

En rentrant du stade, Gavin et moi traversâmes le campus. Nous avions les bras chargés de cadeaux de l'équipe de base-ball. J'aperçus Chris et Mélinda qui sortaient de leur bâtiment.

— Hé ! fis-je.

Chris et Mélinda nous rejoignirent, le visage fermé.

— Nous t'avons cherchée partout, Mary-Kate, dit Mélinda en examinant froidement Gavin. Nous étions supposés fêter l'anniversaire de Chris ce midi, tu as oublié ?

Comment avais-je pu oublier ça ?

— Je suis réellement désolée, je ne sais pas où j'avais la tête...

— On ne va pas faire toute une histoire pour un simple déjeuner ! répliqua Gavin. C'est un vrai bébé, ce Chris, s'il fait un caprice pour ça !

Je me tournai vers Chris. Il était décomposé.

— Pardonnez-moi, lâcha-t-il, mais je dois rentrer. C'est l'heure de mon biberon !

Mélinda tourna les talons pour suivre son frère.

— Attendez ! criai-je.

Mais mes amis continuèrent leur chemin.

Je me tournai vers Gavin. Il avait le visage dans les mains.

— C'était Chris, c'est ça ? murmura-t-il. Je suis vraiment désolé...

— Tu ne pouvais pas savoir !

Nous rentrâmes dans le bâtiment. Mon bel enthousiasme s'était évaporé. C'était tellement important pour Chris, cet anniversaire. Comment avais-je pu lui faire ça ?

9

Ashley

— C'est plein à craquer ! s'exclama ma sœur.

Ce vendredi soir, Mary-Kate, Penny et moi arrivions près de la scène du concert.

Le festival se déroulait dans un immense champ. Nous espérions avoir une bonne place, mais c'était déjà trop tard. Finalement nous nous installâmes sur le terrain de foot à côté.

— Je vous avais dit qu'il fallait arriver tôt, criai-je. C'est quand même un concert des Rave !

— Je suis sûre qu'on verra très bien d'ici, affirma Mary-Kate en étalant sa couverture par terre. Tu ne crois pas, Penny ?

— Sûrement, reconnut Penny. Merci de m'avoir invitée, les filles !

Penny arracha quelques brins d'herbe à côté d'elle.

— Euh... Ashley... Je suis désolée d'avoir été aussi pénible avec toi quand tu es arrivée. Excuse-moi, j'avais trop de trucs en tête !

Je jetai un regard à Mary-Kate. Qu'est-ce qui pouvait bien préoccuper Penny ?

— C'est oublié ! répondis-je. L'essentiel, c'est qu'on soit amies, maintenant.

Penny sourit.

— Et merci de m'avoir emmenée dans ce foyer pour enfants, j'ai adoré !

— Il n'y a pas de quoi !

À ce moment-là, les lumières de la scène s'allumèrent et les Rave firent leur entrée. Le groupe entama l'intro de son gros succès : *Love Thing*. Nous nous levâmes pour applaudir. Je fis un clin d'œil à Mary-Kate. C'était trop beau pour être vrai !

Je contemplai Penny. Elle chantait et il y avait une lueur étrange dans ses yeux. Peut-être qu'elle s'imaginait sur scène ? Peut-être que l'expérience du foyer l'avait débarrassée de ses peurs...

Soudain Penny poussa un cri. Elle se mit à fouiller les poches de son jean puis elle s'accroupit et examina le sol.

— Qu'est-ce qu'il y a ? demandai-je. Tu as perdu quelque chose ?

— Le chèque de ma paie, gémit-elle. Je l'avais mis dans ma poche arrière et il n'y est plus. Qu'est-ce que je vais faire ?

Mary-Kate se baissa à son tour.

— On va le retrouver ! De toute façon, tu peux en réclamer un autre, tu l'auras d'ici une semaine ou deux.

— Mais j'en ai besoin maintenant ! s'écria Penny au bord des larmes. Il faut que je l'envoie à ma mère !

— Comment cela ? questionnai-je.

— Évidemment, tu ne peux pas comprendre... Avec ton père gros bonnet dans une maison de disques, ta voiture et tes téléphones portables, tu ne sais pas ce que c'est, les problèmes d'argent ! Ma mère vient de perdre son deuxième travail, et si je ne lui envoie pas ce chèque très vite, elle ne pourra pas payer ses factures !

Je restai sans voix. Mary-Kate passa son bras autour des épaules de Penny, mais celle-ci se dégagea très vite.

— Il faut que je parte !

Et Penny disparut dans la foule.

— Je n'en reviens pas ! chuchotai-je. Pauvre Penny...

— Maintenant on sait quels sont ses problèmes, constata Mary-Kate. Et ils ne sont pas simples !

Mary-Kate

— Je crois que je vais rentrer, lâcha Ashley quelques minutes après le départ de Penny. Je ne suis plus vraiment d'humeur pour le concert...

Je ramassai la couverture.

— Je rentre aussi !

— Je ne peux pas croire que la famille de Penny soit à ce point dans le besoin ! fit Ashley.

— Je sais, c'est fou ! Mais imagine que Brian et elle gagnent le concours, ils décrocheraient un contrat, et là, finis les problèmes d'argent !

— C'est vrai, reconnut Ashley. Mais si jamais le truc des enfants ne l'a pas libérée ?

Je croisai les doigts.

— Ne t'en fais pas, on trouvera une solution !

Nous arrivâmes devant la caisse et je vis des cheveux blonds que je connaissais bien. C'était Mélinda ! Et Chris était avec elle. Je ne les avais pas revus depuis l'histoire avec Gavin.

— Je reviens, dis-je à Ashley.

— Où vas-tu ?

Je devais m'excuser d'avoir zappé cet anniversaire. Je courus vers Mélinda. Elle faisait la queue au bar.

— Salut, Mélinda.

Ni elle ni Chris ne daignèrent me répondre. Je me plantai alors devant eux.

— Je suis vraiment désolée d'avoir oublié cet anniversaire, je ne sais pas ce qui m'a pris...

Chris et Mélinda se regardèrent.

— Tu savais que c'était important pour Chris, me lança Mélinda. Alors, maintenant, tu ne peux pas venir t'excuser et faire comme si de rien n'était !

— Je suis navrée. Qu'est-ce que je peux faire ?

Mélinda me dévisagea des pieds à la tête.

— Pas grand-chose, je crois...

Et elle s'éloigna pour de bon.

Complètement assommée, je retournai vers Ashley, encore plus déprimée qu'avant.

— C'est vraiment une sale soirée !

— Ils t'en veulent à mort, c'est ça ?

— Mélinda n'a même pas voulu discuter... Mais attends une minute !

— Quoi, qu'est-ce qu'il y a ?

Je souris.

— Je crois que j'ai une idée !

Le jour suivant, je trimballai des câbles toute la journée. J'étais totalement épuisée car Ashley et moi avions veillé une bonne partie de la nuit pour préparer notre plan. Gavin arriva alors que j'étais en plein travail.

— Devine quoi ! dit-il en m'entraînant à l'écart.

— Qu'est-ce qu'il y a ?

— Nous allons faire une fête de fin de festival avec le groupe. Il y aura plein de monde, de la musique, un grand buffet et des journalistes ! Ça va être géant ! Tu pourrais venir avec ta sœur, non ?

J'éclatai de rire.

— J'adorerais ! Je ne sais même pas pourquoi tu me poses la question !

— Génial, je te présenterai plein de gens.

— Je peux venir avec des amis ? demandai-je.

À coup sûr, Ashley voudrait emmener Brian et Penny. Et Mélinda et Chris voudraient venir aussi. Enfin, si j'arrivais à me réconcilier avec eux...

Gavin bafouilla un peu.

— Tu veux parler... de ces gens qu'on a croisés l'autre jour ? Franchement, Mary-Kate, je ne sais pas... Je ne suis pas certain que mes copains aient envie de passer la soirée avec les employés du festival.

Je restai bouche bée. Gavin venait de me mettre une grande claque ! Visiblement il méprisait mes amis.

— Mais tu peux inviter ton père si tu veux, reprit Gavin.

Je sursautai. Après la claque, c'était le coup de pied !

— Mon père ?

— Oui, Théo m'a expliqué que ton père travaillait pour une maison de disques. Il connaîtra plein d'invités. Enfin, tu vois...

Bon, je dois y aller. J'ai plein d'autres gens à voir. À plus tard !

Je m'appuyai contre un ampli et le regardai partir. Depuis quand exactement Gavin connaissait-il le job de Papa ? Pourquoi ne l'évoquait-il que maintenant ? Je soupirai. Qui l'intéressait ? Moi ou mon père ?

10

Ashley

— Surprise ! m'écriai-je avec Mary-Kate quand Brian ouvrit la porte.

Chris resta figé sur place pendant que Mélinda faisait un bond en arrière.

Une immense pancarte couvrait le mur. « BON ANNIVERSAIRE AVEC RETARD, CHRIS ! » Et la chambre de Brian était décorée de ballons de toutes les couleurs !

— Tu m'as eu, Brian ! lâcha Chris. Je croyais vraiment que nous venions chercher ton sac !

— Eh oui, je suis un faux jeton ! reconnut Brian.

Mélinda s'approcha de l'énorme gâteau au chocolat que Mary-Kate et moi avions fait dans l'après-midi.

— C'est super !

— Chris, implora Mary-Kate, est-ce que tu me pardonnes ?

— Ça dépend de ce que tu as prévu comme musique, répondit Chris malicieusement.

— Rien que du heavy metal, c'est promis ! Ce sont les CD de Théo !

Chris prit Mary-Kate dans ses bras et l'embrassa.

— Alors, je te pardonne !

Je souris. Tout marchait comme sur des roulettes. Pourtant, il manquait encore quelqu'un.

— Tu crois que Penny va venir ? demandai-je à Brian.

— Je ne sais pas, elle a dit qu'elle allait réfléchir.

Chris alluma le lecteur de CD et des accords de guitares assourdissants emplirent la pièce. Il bondit sur le lit de Brian et commença à jouer la rock star hystérique. Tout le monde était mort de rire.

— C'est parti ! lança Mary-Kate.

Et elle se mit à danser frénétiquement en secouant la tête dans tous les sens. Mélinda la rejoignit et j'allais m'y mettre quand une voix pleine de colère s'éleva.

— Vous êtes dingues ou quoi ?

Je me retournai. Mary-Beth était sur le pas de la porte.

Elle rentra dans la chambre et éteignit le lecteur de CD.

— Au cas où vous ne le sauriez pas, vous êtes censés prévenir l'administration quand vous organisez une fête !

— Vraiment ? rétorqua Mary-Kate. C'est étrange, le règlement précise que les fêtes de moins de huit personnes sont autorisées.

— Il n'y a que vous ici ? reprit Mary-Beth.

— Oui, nous ne sommes que tous les cinq !

— Non, six maintenant ! fit une voix.

Penny pénétra dans la chambre. Je sautai de joie. Elle était venue !

— Bon, ça ira, lâcha Mary-Beth en s'en allant. Mais essayez de faire moins de bruit !

Mary-Kate remit la musique un peu moins fort puis elle recommença à danser. Penny se rapprocha de moi.

— Salut, Penny ! fis-je.

— Salut ! C'est sympa de m'avoir invitée après ce que je t'ai dit la nuit dernière.

— Laisse tomber, ça n'a pas d'importance. Tu étais contrariée, c'est tout !

Elle me fixa pendant quelques instants puis finit par me sourire.

— Au fait, j'ai une supernouvelle ! annonça Chris en sautant du lit. Il va y avoir une grande fête à la maison de la plage la veille du concours. Au programme, un concert avec tous les concurrents !

Mélinda regarda Brian et Penny.

— Comme ça, vous pourrez vous entraîner !

Penny eut un petit sourire forcé. Je me mordis les lèvres. Le concours l'effrayait toujours. Son spectacle au foyer ne l'avait visiblement pas aidée beaucoup. Il fallait trouver autre chose et vite !

Mary-Kate

— Et si Penny essayait d'imaginer son public en sous-vêtements, proposa Jake. Moi, c'est ce que je fais quand je dois lire devant la classe !

C'était le lendemain de notre soirée et j'étais au téléphone avec Jake.

— Comment ? Tu nous imagines en sous-vêtements ?

— Mais non, répliqua-t-il, juste la prof !

— Mouais...

Je n'arrivais pas à imaginer nos profs en petite culotte ! Je trouvais même ça un peu limite.

— Mais non, je plaisante ! poursuivit Jake. Raconte, tu fais quoi, ce soir ?

J'hésitai. La dernière fois, j'avais raconté à Jake que j'étais sortie avec Gavin Michaels et il l'avait bien pris. Mais si je lui disais que je recommençais ce soir, il allait penser que ça devenait une habitude. Ce qui n'était pas vrai ! Gavin était en répétition tous les soirs et moi j'allais à la maison de la plage. De toute façon Gavin et moi n'étions que des amis et Jake n'avait aucune raison de s'en faire.

— Mary-Kate, tu es là ?

— Oui, pardon ! Ce soir, j'emmène Gavin à la maison de la plage. Il n'y est encore jamais allé.

Jake resta un moment silencieux.

— Tu passes beaucoup de temps avec lui, reprit-il.

— C'est vrai, mais nous ne sommes que des copains !

— Et as-tu informé ton « copain » que tu avais un petit ami ?

Je restai silencieuse. Je devais me rendre à l'évidence, je n'avais pas parlé de Jake à Gavin.

Jake comprit tout de suite la situation.

— C'est dingue, murmura-t-il, consterné.

— Et alors, c'est quoi, le problème ? On n'a tout simplement pas abordé le sujet !

Là, j'étais en train de m'enfoncer...

— Écoute ! reprit Jake. S'il est juste un copain, pourquoi ne pas lui avoir dit que tu sortais avec quelqu'un ? Je ne comprends pas... Ou alors, c'est que je n'ai vraiment pas beaucoup d'importance pour toi...

— Arrête, j'ai parlé de toi à Chris et Mélinda !

— Alors tu as parlé de moi à tout le monde, sauf à ta rock star ! C'est bien ça ?

J'étais coincée. Que pouvais-je répondre à ça ?

— Écoute, Jake, pense ce que tu veux, je m'en fiche !

Et je raccrochai.

— Alors, qu'est-ce que tu en penses ? demandai-je à Gavin.

J'avais emmené Gavin à la maison de la plage pour qu'il voie à quel point les employés du festival étaient sympas.

— C'est pas mal, fit Gavin. Ta sœur est là ?

— Je n'en sais rien !

Je n'avais pas vu Ashley de la journée. Pourtant j'aurais voulu lui raconter ma dispute avec Jake.

— Tu te rends compte que je ne la connais même pas ! ajouta Gavin.

« Pourvu qu'il ne me parle pas de Papa », pensai-je.

— Bon, on s'en va ? proposa Gavin.

— Pourquoi, tu t'ennuies ?

— Non, mais ça n'est pas vraiment mon truc. On va retrouver le groupe ?

— Je ne sais pas... Écoute, je suis fatiguée, je crois que je vais rentrer.

— D'accord, tu me déposes ?

Je me dirigeai vers la voiture sans un mot. Gavin n'avait même pas essayé d'apprécier la maison de la plage. Il n'avait rencontré aucun de mes amis. Voulait-il vraiment me connaître ou jouait-il la comédie par intérêt ?

— Alors, tu vas venir à notre fête ? s'enquit Gavin.

Je le regardai. En fait, je n'avais plus très envie d'y aller. Mais c'était difficile de renoncer à Gavin.

— Oui, acquiesçai-je, je viendrai !

— Super, tu vas faire la connaissance de plein de gens, tu verras !

En m'installant dans la voiture, je repensai à Jake. En fait je n'avais pas parlé de lui à Gavin parce que j'aimais l'idée de plaire à Gavin. Et s'il n'y avait pas eu Jake, j'aurais probablement flashé sur Gavin ! Mais j'étais dingue de Jake et il fallait que je mette les choses au point.

— Gavin, il faut que je te dise un truc... Tu sais, j'ai un petit ami à Malibu.

Gavin garda le silence un moment. À quoi pensait-il ? Si ça se trouve, je ne lui plaisais pas plus que ça et je m'étais fait un film pour rien ! J'attendais sa réaction en rougissant.

Gavin se mit à rire

— Il n'y a pas de problème. Tu sais, je t'invite à ma soirée parce que tu es une amie et rien d'autre.

Je respirai. Gavin me voulait comme amie et c'était tout ce qui comptait ! Évidemment, je ne saurais jamais si je plaisais à Gavin ou non, mais ça n'avait pas d'importance.

Je m'étais comporté bêtement avec Jake. Il fallait que je m'excuse dès demain !

Ashley

— Où est Mary-Kate ? demanda Mélinda.

— Elle est sortie avec Gavin, annonçai-je. Nous ne serons que nous cinq.

Chris, Mélinda, Penny et moi étions assis sur les lits. Je fis passer un plat de pizzas.

— Vas-y, Penny, chante-nous quelque chose !

Penny soupira.

— Je n'en ai pas très envie, en fait...

Brian était près d'elle avec sa guitare. Il lui lança un regard désespéré.

— Allez, Penny, c'est juste pour voir si tu peux le faire !

— O.K., je vais essayer !

Brian plaqua quelques accords et Penny commença à chanter.

« Parfait, pensai-je, ça marche ! »

Mais tout à coup, Penny s'arrêta net.

— Je suis désolée, murmura-t-elle, je ne peux pas !

Un grand silence se fit. À ce moment, Mary-Kate entra dans la chambre.

— Que se passe-t-il ?

— On essaye de débarrasser Penny de son trac, expliqua Mélinda. Tu veux de la pizza ?

— Non, merci. Penny, essaie d'imaginer ton public en sous-vêtements !

— Je connais, ça ne marche pas, répondit Penny.

Chris se leva d'un bond.

— Ça y est, je sais ! Tu ne t'occupes pas de nous. Tu te concentres sur un point très loin et tu ne le quittes pas des yeux !

— J'ai essayé aussi, gémit-elle. Mais je ne peux pas m'empêcher de penser au public ! C'est sans espoir, je crois !

Tout à coup, je fonçai vers un des placards, pris un foulard puis bandai les yeux de Penny.

— Qu'est-ce que tu fais ? s'inquiéta-t-elle.

— Fais-moi confiance... Tu y vois quelque chose ?

— Non, rien du tout !

— Parfait ! répliquai-je. Alors vas-y, chante !

Penny attaqua alors sa chanson et la chanta jusqu'au bout.

— Tu l'as fait ! hurlai-je. C'est dans la poche !

Je me tournai vers mes amis. Nous avions gagné ! J'étais tellement excitée que je sautais sur place. Penny me fixa longuement en souriant. Nous étions devenues amies !

— Je n'en reviens pas, admit Penny en fixant le foulard. Je savais que vous étiez là mais, avec le foulard, je vous ai presque oubliés !

— C'est génial, Penny ! intervint Mélinda. Sauf que tu ne peux pas participer au concours avec les yeux bandés ! Les juges vont se demander ce qui se passe...

— Tu as raison, dit Penny en pâlissant.

Je m'approchai d'elle.

— On ne va pas se laisser arrêter par un détail de ce genre. On trouvera une solution !

En fait, à cet instant, je n'avais aucune idée...

11

Mary-Kate

— Alors, comme ça, fit Jake, tu as fini par le lui dire ?

— Oui ! acquiesçai-je. Et je suis désolée de ne pas l'avoir fait avant. C'est juste que ça n'était jamais venu dans la conversation.

J'étais au téléphone avec Jake et je lui faisais mes excuses.

— N'en parlons plus ! décida Jake. De toute façon, je me suis énervé trop vite. Tu me manques tellement !

— Tu me manques aussi, soufflai-je, mais je rentre bientôt.

— J'ai hâte ! Il faut que j'aille bosser, je te rappelle plus tard, d'accord ?

Au moment où je raccrochai, Ashley revint de la douche.

— Alors, ça va mieux avec Jake ? demanda-t-elle.

— Oui, il m'a pardonnée.

— Tout va bien alors !

— Il y a une autre bonne nouvelle : Gavin nous invite à une superfiesta à la fin du festival !

Ashley me regarda bouche bée.

— Une « superfiesta », cela signifie une fête avec des gens célèbres ?

— Exactement !

— Tu ne pouvais pas me le dire plus tôt !

Elle se jeta la tête la première dans son armoire et se mit à sortir tous ses vêtements.

— Je n'ai rien à me mettre ! gémit-elle.

J'éclatai de rire. En fait, j'étais aussi excitée qu'elle à l'idée de cette fête mais je ne voulais pas le montrer. Une soirée avec des stars, c'était ce que nous attendions depuis le début de l'été ! La soirée de notre vie !

Pendant qu'Ashley vidait son armoire, je me mis à penser à Gavin. Qu'il n'ait pas envie de connaître mes amis n'était pas si grave. Au lycée, je fréquentais des tas de gens qui ne s'appréciaient pas forcément les uns les autres. En plus, Gavin ne m'avait plus reparlé de Papa ! Je m'étais sûrement monté la tête toute seule.

— Tu crois que je pourrais mettre ça ? hésita Ashley en me montrant une petite robe noire toute simple.

— Impeccable ! Le noir, ça passe partout !

Ashley enfila la robe et se planta devant le miroir.

— J'ai hâte d'en parler à Brian ! Il va être comme un fou quand je lui proposerai de m'accompagner !

À ces mots, je perdis tout mon entrain. Comment faire comprendre à Ashley que Gavin n'invitait pas ceux qu'il considérait comme de simples employés ?

Cet après-midi-là, quand je passai près de la scène A, j'aperçus Gavin et son groupe. Je m'approchai, bien décidée à faire inviter le petit copain d'Ashley à la soirée. Impossible pour moi de dire à Brian qu'il ne viendrait pas à la fête des stars !

— Hé, Gavin !

— Mary-Kate ! s'écria Gavin en se passant une main dans les cheveux.

Il se tourna vers ses musiciens.

— Les mecs, c'est la fille dont je vous ai parlé ! Mary-Kate, je te présente le reste du groupe !

— Enchantée, fis-je, flattée qu'il ait parlé de moi à son groupe.

Nous commençâmes à discuter tous ensemble. J'étais aux anges ! Je parlais avec les Glowstick en personne !

« N'oublie pas ! me souffla une petite voix. Tu n'es pas venue pour t'amuser avec les Glowstick ! Tu es là pour une raison bien précise ! »

— Gavin, je peux te parler une minute, s'il te plaît ? chuchotai-je.

— Bien sûr ! Attends, il faut que je te donne ça avant d'oublier !

Il me tendit un carton d'invitation pour sa soirée.

— Alors, de quoi veux-tu me parler ?

Je jetai un coup d'œil sur le carton et me mordis les lèvres. La soirée de Gavin avait lieu le même soir que la répétition du concours sur la plage. Ashley allait être folle de rage !

— Euh... ça attendra... Je viens de me rappeler que j'ai un truc important à dire à

Ashley ! Je dois filer ! On se voit plus tard, bye !

Et je partis sans ajouter un mot.

Ashley

Brian et moi, nous dînions à la cafétéria. Ce soir-là, il y avait une formule poulet frit, la seule qui soit véritablement mangeable.

— Vous avez décidé quelle chanson vous alliez chanter au concours ? demandai-je.

— Justement on se pose la question, répondit Brian. On ne pensait pas vraiment participer au concours, tu sais. En tout cas pas avant que tu ne trouves la solution !

— On n'y est pas encore... Il nous reste à trouver une idée pour lui bander les yeux sans que cela se voie !

Nous éclatâmes de rire. Pourtant l'heure était grave. Nous n'avions pas beaucoup de temps devant nous...

— Ah, te voilà ! fit une voix.

Je levai la tête. Mary-Kate arrivait, visiblement essoufflée. Elle s'assit près de moi et me tendit un papier.

Je souris. C'était l'invitation à la soirée de Gavin Michaels ! Mon bel enthousiasme s'évanouit dès que je lus la date.

— Ho, non ! C'est pas vrai !

— Qu'est-ce qu'il y a ? s'inquiéta Brian.

— Je peux dire adieu à ma soirée de stars, soupirai-je. Regarde !

Brian prit le carton.

— Non, Ashley, tu dois aller à cette soirée, tu en meurs d'envie ! Et ce serait bête de mourir pour ça !

Je secouai la tête.

— Non, je n'irai pas. Je veux être à la répétition pour vous entendre, Penny et toi. Mary-Kate, tu iras sans nous !

— Tu es sûre ? fit Mary-Kate déçue.

— Tant pis pour les stars ! affirmai-je.

— Pas besoin de stars, quand on a un ciel plein de vraies étoiles comme ce soir, dis-je à Brian.

Nous nous baladions tous les deux après le dîner. Le ciel était parsemé d'étoiles.

Nous nous assîmes sous un grand arbre et Brian plaqua un accord sur sa guitare.

— Je me fous des rock stars et des étoiles,

murmura-t-il, du moment que je suis avec toi.

Je souris. Brian était sans aucun doute le garçon le plus génial que j'avais jamais rencontré.

— Tu sais, reprit-il, j'essaie d'écrire mes propres chansons. Écoute, j'ai écrit celle-là ce matin.

Il commença à jouer une musique très douce. C'était la plus belle nuit de l'univers. Le parfum des roses flottait dans l'air chaud et la pleine lune nous éclairait.

Brian se mit à chanter.

Avant de croiser ton regard
Je ne savais pas à quel point
Le bleu pouvait être aussi beau.
Avant de te rencontrer
J'ignorais qu'un jour une fille
Compterait autant pour moi.

« C'est génial, pensai-je. C'est une chanson d'amour rien que pour moi ! »

— Alors, s'enquit Brian, ton verdict ?

— J'adore ! Tu devrais en écrire d'autres, tu es très doué !

Il me prit la main.

— Merci !

Je m'allongeai près de lui. Ces dernières semaines passées à ses côtés avaient été formidables. Jamais je n'avais aimé un garçon comme ça !

— Et dire que dans une semaine c'est fini ! lâcha Brian.

Je sursautai. Il nous restait si peu de temps à passer ensemble ! J'allais lui répondre quand il m'embrassa.

Je fermai les yeux. J'aurais voulu que cette nuit ne finisse jamais ! Mais ce n'était pas possible... Bientôt Brian allait repartir pour Seattle. Qu'allions-nous devenir ?

12

Ashley

« Un truc pour lui bander les yeux », me répétai-je encore une fois.

C'était le jour de la grande répétition et il ne me restait que quelques heures...

Je déambulais dans les magasins à la recherche de l'accessoire qui permettrait à Penny de surmonter son trac. Pourquoi personne n'avait pensé à inventer un truc pour se bander les yeux !

Je continuai à avancer en marmonnant. Et pendant ce temps-là, Mary-Kate réfléchissait à ce qu'elle allait porter à la superfête de Gavin !

Soudain, quelque chose attira mon attention. C'était la paire de lunettes de soleil sur laquelle j'avais déjà flashé ! Des vraies lunettes de star du rock ! Je refis mes calculs. Si j'achetais les lunettes, je ne pourrais pas me payer la chaîne de mes rêves.

— Pardonnez-moi, dis-je à la vendeuse. Vous ne faites pas de réduction aux employés du festival ?

La vendeuse me dévisagea avec mépris.

— Non, petite, je suis désolée !

Je soupirai. Au fond, je pouvais bien me passer d'une ou deux options sur ma chaîne stéréo. J'aurais un modèle moins sophistiqué que prévu, voilà tout !

Je posai les lunettes sur la caisse et sortis mon porte-monnaie. De toute façon, c'était pour une bonne cause !

La vendeuse jeta un coup d'œil à l'étiquette.

— Tu es sûre de les vouloir ?

— Oui, je les prends !

Et je payai avec un grand sourire.

Mary-Kate

Le buffet était somptueux et le champagne coulait à flots. Des flashes d'appareils photo crépitaient tout autour de nous. Partout où je posais les yeux, je voyais quelqu'un de célèbre. Des vedettes de la télé discutaient avec des musiciens branchés. Et quand Trina Thurston, l'animatrice de mon émission préférée, me demanda de lui passer une serviette, je faillis m'évanouir !

Gavin me tendit un verre.

— Je suis très content que tu sois venue !

— Pas autant que moi...

Néanmoins, je me sentais un peu coupable de ne pas soutenir Penny à la répétition de la plage. Heureusement, elle avait Ashley, Brian, Chris et Mélinda et j'étais sûre que tout se passerait très bien.

Un homme âgé avec des cheveux gris gominés se fraya un chemin jusqu'à nous.

— Gavin ! lança-t-il. C'est tellement génial, de te voir !

Gavin le prit par les épaules.

— Mary-Kate, je te présente mon agent et mon meilleur ami, Russel ! Russel, voici Mary-Kate !

Russel fit comme si je n'existais pas.

— Bon, je file, Gavin, appelle-moi à ton retour, bye !

Le « meilleur ami » de Gavin disparut

comme il était venu. Quel manque de savoir-vivre ! Gavin n'avait rien remarqué, il scrutait la foule avec attention.

— Carlos !

J'ouvris des yeux ronds. Carlos Batista, la superstar de la variété, l'artiste qui avait remporté le plus grand nombre de prix de son vivant, se tenait au milieu de la foule.

— Il faut absolument que je te présente Carlos, c'est mon meilleur ami, me glissa Gavin.

Je souris. Combien de meilleurs amis Gavin avait-il ?

— Pas possible ! Gavin Michaels ! s'exclama Carlos en arrivant.

— Comment ça va, mec ?

— Plutôt bien, je suis en tournée, l'Europe, l'Australie, l'Afrique du Sud, tout ça, quoi...

— Carlos, je te présente mon amie, Mary-Kate.

Carlos m'adressa un de ses plus beaux sourires, du genre couverture de magazine.

— Je suis ravie de vous rencontrer, murmurai-je.

— Bon, je ferais mieux de chercher Melissa Ryan, dit Carlos. Mon manager m'a conseillé d'aller lui parler pour obtenir des dates aux States. Il faut absolument qu'on devienne copains !

Et Carlos disparut. J'ouvris la bouche pour demander à Gavin s'il avait beaucoup de « meilleurs amis », mais il me coupa dans mon élan.

— J'adore ce mec !

Je restai muette. Comment pouvait-il adorer un type qui voulait devenir l'ami de Melissa Ryan juste pour obtenir quelque chose d'elle !

Finalement, qu'est-ce que je faisais là ? Gavin papillonnait et embrassait des tas de filles. Ce n'était plus le même ! À qui jouait-il la comédie ? À moi ou à tous ces gens ?

— Il faut qu'on se voie ! cria une fille à Gavin.

— Pas de problème, ton agent n'a qu'à appeler le mien !

J'avais sans doute le véritable Gavin sous les yeux. Snob, hypocrite et superficiel... Et même si ça n'était pas le cas, je ne voulais pas être l'amie d'un type aussi faux que lui ! La sempiternelle question me revint à l'esprit. Gavin ne me fréquentait-t-il pas uniquement parce que mon père travaillait dans une grosse maison de disques ?

Un serveur passa près de nous à toute vitesse et renversa sur Gavin un plateau chargé de détritus et de verres vides.

— Espèce d'imbécile, tu me prends pour une poubelle ? hurla Gavin.

Les gens se retournèrent. J'étais morte de honte.

— Je suis vraiment désolé, affirma le serveur en s'éloignant les yeux baissés.

J'entraînai Gavin dans un coin.

— Qu'est-ce qui te prend, Gavin ?

— De quoi tu parles, je ne comprends pas !

Je haussai les épaules.

— Il y a un truc qui me chiffonne. Je voudrais savoir... Est-ce que tu me vois uniquement parce que mon père bosse dans la musique ?

— Tu plaisantes, j'espère ! s'exclama Gavin. Je croyais que tu me connaissais mieux que ça !

J'étais soulagée. En fin de compte, Gavin était peut-être seulement dans un mauvais jour...

— Et au fait, jeta-t-il, il arrive quand, ton père ?

Je sursautai. C'en était trop ! Il fallait que je parte d'ici ! Je tournai les talons.

— Je ne resterai pas ici une minute de plus !

Les gens se mirent à murmurer mais je m'en fichais. Gavin était le garçon le plus nul, le plus snob que j'avais jamais rencontré et j'avais passé la moitié de mon été avec lui !

Je me dépêchai de quitter la fête. J'espérais que Brian et Penny n'avaient pas encore chanté...

Ashley

La foule était dense sur la plage. Je vis Chris, Mélinda et Brian qui essayaient de rassurer Penny. Je serrai les lunettes dans ma main.

— Ashley, il faut que tu m'aides, je ne peux pas aller chanter sans me bander les yeux !

— Mets ça ! dis-je en lui tendant les lunettes.

— Mais comment veux-tu... commença Penny.

— Mets-les !

Penny obéit. Aussitôt Mélinda applaudit.

— C'est d'enfer !

Je souris. Avec son jean, son débardeur noir et ses lunettes, Penny ressemblait à une vraie rock star !

— Je n'y vois plus rien ! gémit-elle.

— C'est le but, rétorquai-je. Les verres sont si foncés que personne ne verra tes yeux !

— Tu peux même les fermer si tu veux, plaisanta Chris.

Penny enleva les lunettes et me sourit.

— Merci, Ashley, je peux y aller maintenant !

Brian hurla et prit Penny dans ses bras pour la faire danser. Cette fois, c'était gagné, Penny allait chanter pour de vrai !

Le groupe précédent finit sa chanson sous les applaudissements de la foule. Mary-Beth qui animait la soirée monta sur la scène pour annoncer Brian et Penny.

— C'est à nous ! lança Brian.

Il m'embrassa.

— Merci, Ashley....

Je frissonnai de plaisir.

Penny et Brian montèrent sur scène et s'installèrent sur deux tabourets côte à côte.

Brian commença à jouer. Je croisai les doigts très fort. Heureusement que Chris et Mélinda étaient tout près de moi.

— N'aie pas peur ! promit Mélinda. Ça va marcher !

Nous connaissions la chanson par cœur. Les battements de mon cœur s'accélérèrent : la fin de l'intro approchait. Penny allait se mettre à chanter !

Penny ouvrit la bouche. Aucun son n'en sortit.

13

Ashley

Un murmure traversa l'auditoire. Les spectateurs se regardaient, étonnés.

Brian s'arrêta de jouer puis tenta de reprendre. Penny resta muette. Elle était si pâle qu'on croyait qu'elle allait s'évanouir.

Je fermai les yeux. Tout cela était ma faute !

— Oh non... !

Je serrai le bras de Chris.

— Ça va aller, je t'assure, chuchota-t-il.

— Non, ça n'ira pas ! Je suis une abrutie ! Comment j'ai pu croire que j'allais résoudre les angoisses de Penny avec une paire de lunettes de soleil !

Le public commençait à s'impatienter, Brian se pencha vers Penny et lui parla à voix basse. Elle hocha la tête et se redressa. Brian se remit à jouer.

— C'est trop, lâchai-je, je n'en peux plus !

Mais au moment où l'intro prit fin, j'entendis l'impossible ! Penny chantait !

— Ça y est, elle chante ! hurla Mélinda en me secouant comme un prunier. Elle chante !

J'observai Penny. Elle regardait au loin et tout son corps semblait de pierre. Elle chantait, certes, mais pas aussi bien que d'habitude. À côté de moi, des gens continuaient à se poser des questions.

— Allez, Penny, lâche-toi ! murmurai-je en essayant de lui envoyer des ondes positives.

Progressivement, Penny prit de l'assurance. Brian, lui, était tout sourire. Le public était conquis !

Je m'autorisai un petit soupir de soulagement. Le calvaire touchait à sa fin !

Mary-Kate

J'arrivai sur la plage au moment où Penny se donnait à fond pour le dernier couplet de la chanson. J'ouvris des yeux comme des soucoupes : elle n'avait pas les yeux bandés mais portait des lunettes ! Je me rapprochai. Quel look ! Elle aurait été parfaite à la soirée de Gavin !

À la fin de la chanson, le public se déchaîna. Le sourire de Penny indiquait qu'elle venait de vivre l'un des plus grands moments de sa vie. J'avais failli tout rater à cause de cet idiot de Gavin ! Ici au moins, l'amitié prenait son véritable sens : s'entraider et être présent dans les moments difficiles.

Penny et Brian prirent la direction de la maison de la plage. Là, Ashley, Chris et Mélinda les attendaient. Je les rejoignis en courant.

— Penny, tu as été géniale !

— Mary-Kate ! Tu es venue !

Penny me tomba dans les bras.

— Aucune star au monde ne m'aurait fait rater ça, plaisantai-je.

— Je savais bien que tu viendrais, affirma

Penny. Nous sommes beaucoup plus drôles que tous ces gens riches et célèbres !

Tout le monde se mit à rire.

— Tu ne crois pas si bien dire, fis-je en levant les yeux au ciel. Je te raconterai plus tard...

— J'espère bien !

Ashley s'approcha de Brian.

— Ils vous ont adorés, tu sais !

— Tu crois vraiment ? demanda Brian incrédule.

— Enfin, Brian ! cria Mélinda. Tu ne les as pas entendus applaudir !

— Je ne sais plus ! Tout s'est passé comme dans un rêve...

Il se retourna vers Penny.

— Tu as été fantastique, Penny ! Demain nous serons des stars !

Penny fit la moue.

— Je ne suis pas sûre... Ce soir ça a marché, mais demain... Avec tous ces gens importants en face de moi, est-ce que je vais y arriver ?

— Tu peux le faire ! martela Ashley. Tu le sais maintenant, non ?

Penny acquiesça mais je vis bien qu'elle n'y croyait qu'à moitié. Je soupirai. Pourvu qu'Ashley ait raison !

14

Mary-Kate

— Regarde, Papa est là ! criai-je à Ashley.

Je me précipitai. Papa nous embrassa très fort.

— Je suis tellement fier de vous, les filles !

Il fit un pas en arrière pour mieux nous observer.

— C'est moi ou... vous avez vieilli un peu ?

Nous éclatâmes de rire puis suivîmes la foule qui se dirigeait vers la scène A. Papa était là pour repérer de nouveaux talents mais certains de ses collègues étaient membres du jury du concours.

— Je suis très fier de vous, les filles, répéta Papa, et fier du travail que vous avez fait ici ! Vous nous avez beaucoup impressionnés, votre mère et moi.

— Nous nous sommes beaucoup impressionnées aussi ! plaisantai-je.

Je me rappelai le jour où nous avions découvert notre travail. J'avais été tellement stupide en rechignant pour ce job de manutentionnaire. Si je n'avais pas fait ça, je n'aurais probablement jamais rencontré Chris et Mélinda et encore moins Gavin. Quoique... Gavin m'emballait nettement moins...

Justement, à cet instant, il sortit de la foule.

— Hello, Mary-Kate !

Je savais ce qu'il allait me demander... Je voulus d'abord faire comme si je ne l'avais pas vu. Mais c'était idiot. Je valais mieux que ça !

— Salut, Gavin, je te présente ma sœur Ashley.

— Bonjour, dit gentiment Ashley.

J'étais très fière d'elle ! Elle était calme et posée malgré tout ce que je lui avais raconté sur Gavin...

— Et voici mon père, continuai-je. Papa, je te présente Gavin Michaels.

Papa tendit la main à Gavin.

— Ravi de te rencontrer, Gavin !

— Moi de même !

Gavin s'arrangea pour prendre mon père à part, et je savais qu'il allait lui parler du contrat de son groupe et de son désir de changer de maison de disques.

— Mais pourquoi as-tu présenté Papa à Gavin ? demanda Ashley. Je croyais que tu le détestais, maintenant ?

— C'est vrai. Je le déteste, mais Papa est assez grand pour se faire sa propre opinion sur lui et son groupe.

— Serais-tu devenue adulte cet été, par hasard ? admira Ashley.

— Très drôle !

Papa et Gavin revinrent vers nous. Gavin semblait content de lui. Papa avait dû lui fixer un rendez-vous.

— On se voit tout à l'heure, Mary-Kate ? lança Gavin.

— Non, désolée, ce n'est pas la peine !

Gavin devint livide. Je fis volte-face et m'éloignai avec Papa et Ashley.

« Prends ça dans les dents, espèce de rock star à la noix ! » pensai-je.

Ashley

J'étais assise dans le noir avec Mary-Kate, Chris et Mélinda. Nous attendions que Penny et Brian montent sur scène.

L'animateur les appela enfin. Ils prirent place sur leurs tabourets. Penny portait ses lunettes de star.

— Ça a l'air d'aller, souffla Mary-Kate.

Je fis oui de la tête mais je ne pus prononcer un mot. Brian commença à jouer... et Penny se mit à chanter ! Cette fois-ci elle était parfaitement à l'aise, ni trop angoissée ni trop calme. Une véritable professionnelle !

Au milieu du premier couplet, Penny enleva ses lunettes. Le public se mit alors à hurler comme si c'était une vraie star dont on applaudit le moindre geste. Je criai encore plus fort que les autres.

— Penny, tu as gagné !

Le concert était terminé. Nous attendions les résultats avec anxiété. Nous nous étions faufilés dans les coulisses pour être avec Brian et Penny au moment des résultats.

— Vous allez gagner, j'en suis certaine, murmurai-je à Brian en glissant ma main dans la sienne.

— En tout cas, si on gagne, ce sera grâce à toi !

Il m'embrassa sur le front puis plongea son regard dans le mien. Un léger frisson me parcourut des pieds à la tête.

Mary-Kate s'approcha.

— Bon, un peu de sérieux ! Ils ne vont pas tarder à donner les résultats.

Tous les candidats étaient réunis dans les coulisses. La tension se lisait sur les visages. L'animateur se dirigea vers le micro avec sa fiche cartonnée à la main et un silence total se fit. Cette petite fiche allait changer le destin de quelqu'un à tout jamais !

— Le troisième prix est décerné à... Akiko Ogiswara ! annonça l'animateur.

Akiko poussa un cri de joie et se précipita sur la scène pour recevoir son prix. Brian me prit la main.

— En seconde position... Les Anonymes !

C'était le groupe que nous avions vu jouer la première fois sur la plage.

— Finalement, c'est un bon nom de groupe quand on n'arrive pas à se décider, plaisanta Mary-Kate.

— Et le premier prix va à... Penny et Brian !

Je bondis. Ils avaient réussi ! Ils avaient gagné !

Tout le monde hurlait de joie autour de moi. Brian m'embrassa et Penny sauta au cou de chacun d'entre nous !

Brian et Penny montèrent sur scène pour recevoir leur prix. Ils rayonnaient. J'étais si heureuse pour eux que j'aurais pu m'évanouir ! Leur rêve allait devenir réalité...

— Je voudrais porter un toast, décréta Chris la nuit suivante sur la plage.

Nous étions tous réunis pour notre dernier soir de festival. Installés un peu en retrait du reste du monde pour fêter ça en privé. J'étais allongée près de Brian.

— Aux futures grandes stars de la planète... fit Chris en levant solennellement sa cannette de soda. Penny et Brian !

— À Penny et Brian !

— Ashley, tu viens avec moi chercher à manger ? demanda Mary-Kate.

Je la suivis.

— Qu'est-ce qu'il y a ?

— Oui... En fait, voilà... dit Mary-Kate, visiblement inquiète. Penny m'a raconté comment elle avait eu ses superlunettes. Je suis allée voir à la boutique, elles étaient plutôt chères... Comment as-tu fait pour les payer ?

Je rougis et baissai la tête.

— J'ai utilisé l'argent que j'avais prévu pour ma chaîne.

— Tu plaisantes ! s'exclama Mary-Kate. Tu économises pour ça depuis le début de l'été !

— Ça n'est pas grave, je pourrai peut-être trouver un petit job en rentrant à la maison. De toute façon, c'était plus important de donner un coup de main à Brian et Penny que d'acheter cette chaîne stéréo !

— Tu as fait ça ! s'étonna une voix derrière moi.

Je me figeai. C'était Brian et il avait tout entendu !

— On ne va pas en faire tout un plat, soufflai-je.

Il me prit dans ses bras et m'embrassa sur les cheveux

— Ashley, tu es vraiment une fille géniale !

— Bon, je vous laisse... glissa Mary-Kate.

Brian et moi longeâmes la plage en silence. J'étais bien. Être près de lui me suffisait.

— Je ne sais pas comment te remercier, Ashley. Je sais que tu tenais à cette chaîne stéréo et ce que tu as fait pour nous est vraiment...

— Laisse tomber, Brian. Si je l'ai fait, c'est que j'en avais envie !

Il se pencha vers moi. Ce fut un baiser très tendre et il me brisa le cœur. Brian était le premier garçon que j'aimais vraiment et, demain, j'allais devoir le quitter sans savoir si je le reverrais un jour.

— Tu es une fille géniale, répéta-t-il. Jamais je n'avais rencontré quelqu'un comme toi avant.

Il me regarda dans les yeux.

— Tu vas me manquer terriblement.

— Toi aussi, tu vas me manquer, soupirai-je.

Brian me serra très fort dans ses bras.

— Écoute, Malibu n'est pas si loin. Je pourrai venir te voir de temps en temps, et puis, on peut se téléphoner et s'envoyer des mails...

— Oui, mais ça ne sera pas pareil ! lâchai-je. Ce ne sera pas comme t'avoir près de moi !

Je me forçai à sourire.

— Dis, quand tu seras devenu une star, tu m'enverras des billets pour tes concerts ?

— Évidemment ! s'exclama Brian en souriant.

Main dans la main, nous retournâmes vers nos amis. Mary-Kate accourut vers moi.

— Papa doit partir juste après le feu d'artifice. Viens, on va le voir !

— D'accord ! répondis-je.

Papa discutait non loin de là avec des collègues.

— Papa, on voulait juste te remercier, commençai-je.

— Tu nous as permis de passer le plus bel été de notre vie, enchaîna Mary-Kate.

Papa nous prit par les épaules.

— Il n'y a pas de quoi, mes chéries. Je suis content que ça vous ait plu.

— Mark, c'est bien toi ? lança un homme grand aux cheveux gris en s'approchant de nous. Il fait si sombre ici que je n'étais pas sûr...

— Don ? s'enquit Papa. Ah ! C'est sympa de te voir ! Les filles, je vous présente un ami, Don Maneri. On a travaillé ensemble sur des tas de clips vidéo. Don, je te présente mes filles, Mary-Kate et Ashley !

— J'ai beaucoup entendu parler de vous, votre père m'a montré plein de photos !

Nous lui avons serré la main en riant.

— Qu'est-ce que tu fais ici, Don ? reprit Papa. Tu travailles avec un des groupes ?

— En fait, je me suis lancé dans le cinéma et je cherche des nouvelles têtes pour mon prochain film. Le festival pouvait être un bon réservoir.

Il nous regarda, Mary-Kate et moi, à plusieurs reprises.

— Quel âge avez-vous, les filles ?

— Seize ans, dis-je.

— Des sœurs de seize ans ! C'est exactement ce qu'il me faut ! Ça vous plairait de passer le casting ?

— Un... casting pour un vrai... film ? bredouillai-je.

Papa leva les yeux au ciel.

— Du calme, les filles ! Je ne suis pas certain que...

— Nous commençons le tournage en août, interrompit Don, et tout sera fini pour la rentrée scolaire.

— Allez, Papa, s'il te plaît !

— Ce sont les rôles principaux... ajouta Don.

— On ne peut pas rater ça... observa Mary-Kate.

— Nous en discuterons plus tard, mais c'est vrai que c'est une expérience unique, admit Papa.

Mary-Kate et moi échangeâmes un clin d'œil. C'était gagné !

— Ne vous emballez pas, les filles, reprit-il, rien n'est fait. Il vous faudra déjà passer le casting !

— Oui, on sait, affirma Mary-Kate en riant. Mais ces rôles sont faits pour nous, c'est sûr !

Il y eut une énorme détonation : le feu d'artifice commençait.

— On y va ! lançai-je. À bientôt, Papa. Au revoir, Don !

Et nous courûmes vers nos amis pour assister au spectacle. Je regardai Chris,

Mélinda, Brian et Penny. Pourvu que je n'oublie jamais ce moment !

Le feu d'artifice se termina sur un bouquet superbe. Je me penchai vers Mary-Kate.

— Décidément, notre été est vraiment super ! Et ce n'est pas fini ...

Mary-Kate prit son air malicieux.

— Je pense même que, grâce à ce casting, ça ne fait que commencer !

Dans la même collection

Mary-Kate and Ashley
Sweet 16

1. Premier baiser
2. Croire à son rêve
3. Un été parfait
4. Route et déroute

Découvrez vite dans la collection

mary-kate olsen **ashley** olsen

totalement **jumelles**

1. Garçons sous hypnose
2. Que la fête commence !
3. Trop beau pour être vrai
4. Juste entre nous
5. La vérité, toute la vérité !
6. Amour secret

Cet ouvrage a été composé par
PCA - 44400 REZÉ

Impression réalisée sur Presse Offset par

BRODARD & TAUPIN

GROUPE CPI

La Flèche (Sarthe), le 16-12-2004
N° d'impression : 26673

Dépôt légal : janvier 2005

Imprimé en France

POCKET jeunesse 12, avenue d'Italie • 75627 PARIS Cedex 13

Tél. : 01.44.16.05.00